ESSAI SUR L'HYGIÈNE PUBLIQUE

CONSIDÉRÉE DANS SES RAPPORTS

3442

AVEC L'INSTRUCTION PRIMAIRE

CONCLUSION DU RAPPORT

DU CONSEIL DÉPARTEMENTAL DE SALUBRITÉ

————————

« . . . .

» . . . .

» Dans toute l'étendue de ce travail, comportant 150 » pages, et riche de détails intéressants, notre confrère » d'Hénin-Liétard, nous nous plaisons à le reconnaître, » s'est constamment montré habile observateur et savant » hygiéniste.

> » Signé, *Le secrétaire général.* »

ESSAI

SUR

L'HYGIÈNE PUBLIQUE

CONSIDÉRÉE DANS SES RAPPORTS

AVEC L'INSTRUCTION PRIMAIRE

PAR

LE DOCTEUR DEMARQUETTE

—◦◦❀◦◦—

DOUAI

IMPRIMERIE DECHRISTÉ

rue Jean-de-Bologne

— 1863 —

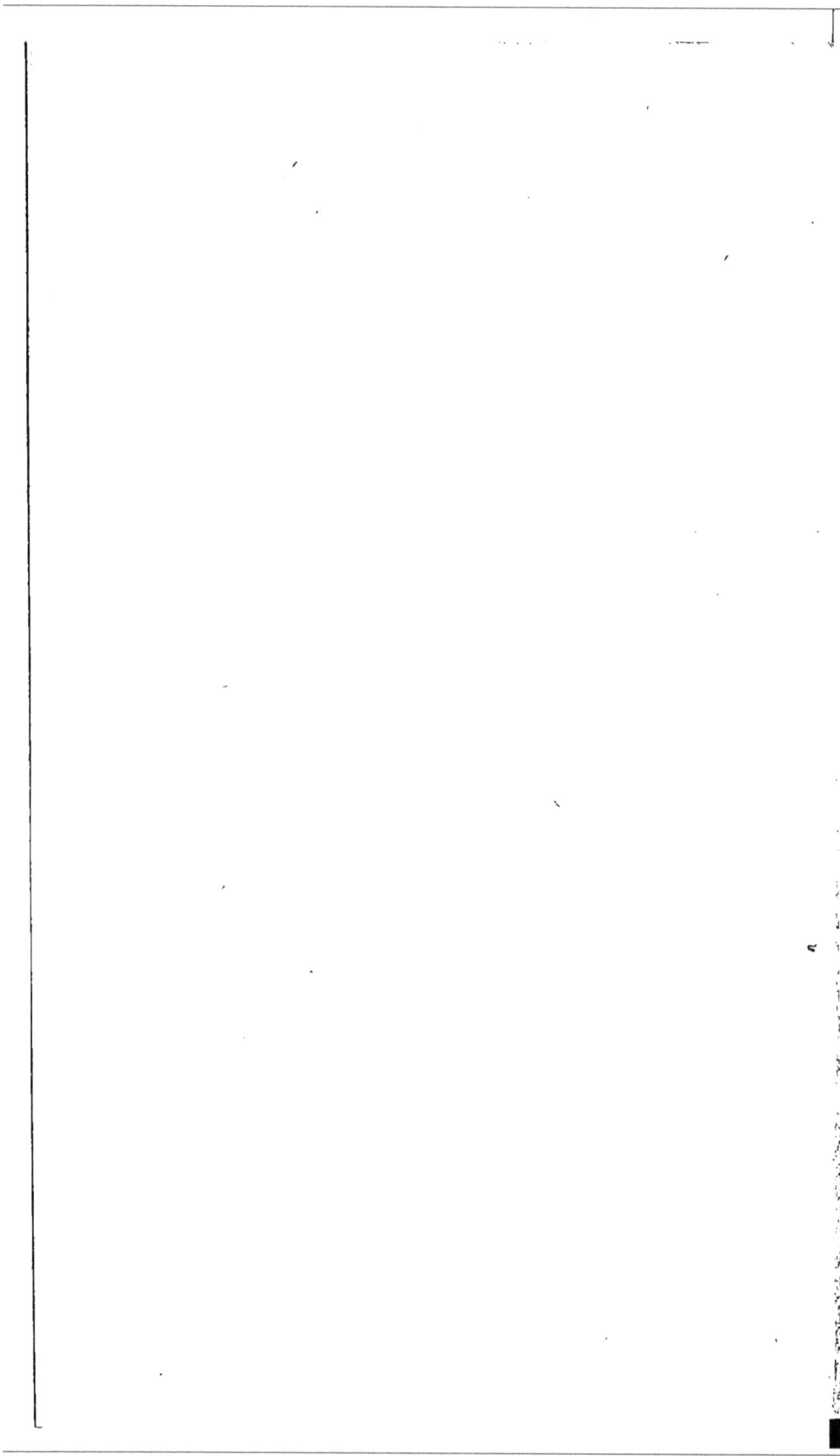

AVANT-PROPOS

———

J'ai puisé les éléments de cet essai dans une
partie du département du Pas-de-Calais, dans
une de ces régions du nord de la France où
l'agriculture et l'industrie se disputent, en
quelque sorte, l'exploitation d'un sol aussi
riche que fertile : les observations que j'y ai
faites, les idées et les réflexions que j'y ai
émises, ne se rapporteront donc qu'à ce pays,
qu'à sa population nombreuse dont les habitudes et les mœurs ont, ici comme ailleurs, leur
cachet d'originalité ; la nature du sol, le genre

de travail qui s'y développe, devant toujours être pris en considération quand il s'agit d'apprécier l'état physique, intellectuel et moral d'une population.

ESSAI

SUR L'HYGIÈNE PUBLIQUE

CONSIDÉRÉE DANS SES RAPPORTS

AVEC L'INSTRUCTION PRIMAIRE

CHAPITRE PREMIER

L'unique péril social c'est l'ombre.
(V. H.)

I

L'hygiène publique est, sans contredit, une des questions les plus importantes de l'économie sociale ; aujourd'hui, plus que jamais, elle est devenue une nécessité. Intimement liée au travail et au progrès si imposant que réalisent les sociétés modernes ; inséparable de tout mouvement humanitaire, soit qu'il conçoive, soit qu'il exécute ; cette partie de la médecine est appelée à tenir le premier rang parmi les choses utiles à l'homme ; le bien-être des masses comme celui des individus, la santé, la vigueur des citoyens faisant la force comme la prospérité des nations.

L'hygiène, en effet, mot complexe de sa nature, ne doit pas s'appliquer seulement aux phénomènes de la vie matérielle ou organique, mais encore à ceux de la vie intellectuelle et morale ; toutes les fonctions étant solidaires dans l'économie humaine, il n'en est aucune, si haut placée qu'on la suppose, qui échappe à la loi physiologique.

Ainsi, tout ce qui est relatif à l'état normal ou anormal de l'homme ; tout ce qui provoque ou détermine en lui ses mouvements, ses goûts, ses habitudes, ses passions, ses pensées, ses croyances même, rentre dans le domaine de la physiologie et a trait, par conséquent, à l'hygiène.

« Il n'appartient qu'aux médecins physiologistes, a dit l'illustre Broussais, de déterminer ce qu'il y a d'appréciable dans la causalité des phénomènes instinctifs et intellectuels. » — « Il est temps, dit le docteur Moreau, que l'étude des fonctions de l'entendement soit restituée aux médecins qui seuls sont en mesure de la féconder. »

Descartes disait aussi « que si l'espèce humaine pouvait être perfectionnée, c'est dans la Médecine qu'il faudrait en chercher les moyens. »

Considérée sous ce point de vue général, je définirai donc l'hygiène : — la science qui a pour objet l'étude des choses utiles ou nuisibles à l'homme, et pour but la conservation de la santé.

De là, tout médecin physiologiste a droit de se dire :

—*Medicus sum et nihil a me alienum puto.*

II

En thèse générale, l'homme éclairé se soigne ; l'homme ignorant se néglige.

Le premier se soigne parce qu'il a une certaine dose d'amour-propre et le sentiment de sa dignité personnelle ; le second se néglige parce que le plus souvent il y a chez lui absence ou insuffisance de ces mêmes sentiments.

D'où il faut conclure que l'instruction du peuple, intellectuellement et moralement parlant, est une des premières, sinon la première base de l'hygiène publique.

En remontant le cours des âges et en y observant les diverses phases de l'esprit humain, il est facile de voir que les préceptes de l'hygiène, qui furent d'ailleurs connus et suivis dès la plus haute antiquité, ont été partout le fruit de l'intelligence et du savoir, et le signe visible de la civilisation : ainsi l'Inde et l'Egypte ont donné à la Grèce et au reste du monde ces préceptes dictés par leurs sages et fondés sur l'observation de la nature. A Rome, au temps de Cincinnatus, les lois de l'hygiène étaient religieusement observées; la propreté la plus scrupuleuse, les bains, la gymnastique, les vêtements amples et bien appropriés au climat, une activité soutenue contre la mollesse, et, par dessus tout, l'initiation du peuple à tout ce qui pouvait concourir à sa force et à son bien-être; telles étaient les pratiques de l'hygiène chez ces Romains si différents de ce peuple oisif, ignorant et malpropre qui végète aujourd'hui dans la ville éternelle!!

Partout où l'homme fut relevé dans sa dignité, l'hygiène publique a été en honneur; elle disparut ou fut avilie aux époques de décadence. Ce fut au moyen-âge surtout, âge de ténèbres et d'ignorance, que régnèrent sans entrave cette foule d'erreurs et de préjugés populaires dont la société moderne est encore loin d'être expurgée, malgré les progrès de la raison qui datent de la Renaissance, malgré l'expansion virtuelle de l'esprit depuis un siècle.

Le soin de notre santé, de notre propre conservation nous est prescrit par la nature, et les lois divines et humaines nous en font un devoir; comment concevoir alors l'austérité de certains ordres monastiques qui ont pour règle de mépriser le corps, de remplacer l'hygiène par la macération et les tortures volontaires, et qui tiennent pour œuvre pie la négligence des vêtements et la malpropreté? Une pareille ferveur, que la saine raison réprouve, est-elle de nature à relever l'homme dans sa dignité personnelle et dans son utilité sociale? J'abandonne volontiers cette question aux casuistes.

CHAPITRE DEUXIÈME

●

DU TRAVAIL

Le travail étant la plus féconde, comme la plus irrésistible manifestation de l'activité humaine, c'est par là que nous commencerons nos réflexions sur l'hygiène publique.

I

Dieu, en créant le monde, a donné à chaque être un fond d'activité propre au moyen duquel il se conserve et remplit sa destinée; depuis la simple molécule jusqu'aux plus grandes masses inorganiques, depuis le vibrion jusqu'à l'homme, tout est régi par cette puissance mystérieuse qui échappe à l'analyse, mais qui se révèle sans cesse par une foule de phénomènes qui nous démontrent partout et toujours l'existence du mouvement ou de la vie.

L'homme, placé au sommet de l'échelle par l'étendue et la richesse de son organisation, possède à un haut degré cette puissance que le désir du bien-être sollicite sans cesse; créature finie mais intelligente et passionnée, son existence ne pouvait être qu'une réaction continue contre le mal-être — lutte inévitable, lutte nécessaire que le travail devait réaliser.

Le travail est donc une des lois primordiales de l'homme; il est le pivot de toute société bien organisée; il fait la force et la grandeur des nations, puisqu'il détermine presqu'à lui seul la condition sociale des individus.

Travailler c'est produire, j'allais dire, créer! C'est augmenter la somme des choses utiles, et par conséquent celle du bien-être.

Travailler c'est encore vivre de la vie normale et remplir une mission divine.

Le travail porte au contentement de soi-même, à sa propre estime et au bonheur, car le temps n'a point d'ennuis pour l'homme laborieux, pour celui dont tous les instants sont utilement remplis!

Le travail n'est jamais ingrat pour quiconque

s'y livre avec courage, honneur et probité; il sanctifie, parce qu'il porte au bien, stimulé qu'il est par le désir d'un état meilleur.

C'est par le travail que s'acquiert la propriété la plus légitime, que l'homme crée pour ainsi dire les éléments de sa puissance, et qu'il est tout ce qu'il peut être; sans le travail, il n'est rien, il ne peut rien être : puissance, considération, vertu, santé, tout lui échappe.

C'est encore par le travail que nous faisons des efforts continuels pour secouer nos imperfections et nos misères, afin d'arriver à la terre promise; semblables à ces courageux aéronautes que l'amour de la science a lancés dans l'espace, et qui se débarrassent de leur lest pour mieux franchir les distances!

Œuvre sainte, dans nos sociétés modernes, parce qu'elle est libre, le travail, en dernière analyse, c'est le progrès physique, moral et intellectuel; c'est le levier de la grande machine qui entraîne irrésistiblement l'humanité vers ses fins!!

DU TRAVAIL AGRICOLE

II

Le travail des champs, *sub jove,* a été de tout temps réputé le plus agréable à la fois et le plus salubre ; et c'est encore aujourd'hui la condition du plus grand nombre de nos campagnards.

L'agriculture, en effet, malgré ses embarras suscités par les difficultés toujours croissantes de la main-d'œuvre à cette époque de transformation ; — malgré sa déchéance apparente en face des nombreuses usines qui accaparent ses forces vives, l'agriculture, disons-nous, est encore et probablement sera toujours le plus utile comme le premier des arts ; la terre étant notre véritable base de sustentation, le seul centre de production sur lequel nous puissions compter : tout nous vient de ce fond et tout y retourne. L'inépuisable fécondité du sol, l'infinie variété de ses productions, ses beautés, ses richesses, ses merveilles! tout invite à le cultiver et à le chérir. Ajoutons que le travail champêtre est aussi le plus naturel et le plus vivifiant par l'air pur et libre qu'on y respire; c'est dans nos campagnes qu'on rencontre encore de ces belles carnations et ces organisations robustes sur lesquelles la patrie peut toujours compter. Ces heureuses conditions organiques tiennent sans doute aussi au régime généralement régulier et simple des campagnards, dont l'ordinaire offre peu d'apprêts, rien de cet art qui dénature, pour ainsi dire, la substance alimentaire pour l'approprier aux exigences de la bouche; leurs excès en ce genre portent plutôt sur la quantité que sur la qualité.

Cependant, on se tromperait si l'on considérait la vie champêtre comme devant toujours produire les heureux effets que je signale : le villageois a ses misères et ses vices comme le citadin; livré à de plus rudes travaux, plus exposé aux intempéries des saisons et moins soucieux surtout que ce dernier, et plus ignorant de tout ce qui est relatif à l'hygiène, il est par cela même plus exposé aux maladies qu'il soigne souvent avec une déplorable indifférence, ne se doutant pas que la négligence en pareil cas augmente chez lui le chiffre des maladies chroniques, et conséquemment celui de la mortalité.

Il y aurait beaucoup à dire et l'on n'en finirait pas s'il fallait relever les imprudences, les inattentions, les étourderies, les insouciances même avec lesquelles les masses travaillent et vivent ; on y trouverait les causes les plus fréquentes de maladies, et cette triste conviction que l'ignorance et l'oubli des devoirs, qui en est trop souvent la conséquence, sont une véritable affliction et la source la plus féconde des misères humaines.

III

L'ignorance, en effet, rend l'homme incomplet en le privant, dans un certain rapport, de l'usage de la raison et de l'exercice de la pensée.

L'ignorant ne sait ni combiner ni prévoir ; ses actes comme ses paroles manquent de réflexion ; il marche au hasard, et, pour arriver à un but, il a presque toujours besoin d'une main pour le diriger ; c'est de lui qu'on peut dire : Il a des yeux, et il ne voit pas ; il a des oreilles, et il n'entend pas...... il a un cerveau, et il ne pense point.

Tantôt agneau et tantôt loup, obéissant à ses instincts qui tiennent lieu et place de son intelligence, l'on peut rarement compter sur lui ; incapable de liberté, proie vivante de la ruse et de l'intrigue, l'ignorant croit sans voir, et voit sans croire ; quand on l'examine de près, il semble vous dire : Souviens-toi que tu fus sauvage et barbare !!

Enfin l'ignorance rend l'homme impuissant à sauvegarder ce qu'il a de plus cher : la santé et la vertu !!

Les excès de tout genre, la débauche, les infirmités, les délits, les maladies et les crimes, ont neuf fois sur dix l'ignorance pour point de départ.

Eclairer le peuple c'est donc aussi le moraliser ; c'est la plus grande et la plus sublime œuvre sociale qu'un gouvernement puisse se proposer !

IV

De nos jours, le travail agricole comprend encore trois classes d'individus :

Les fermiers propriétaires,

Les cultivateurs à bail,

Les ouvriers des champs ou de la ferme.

Les fermiers propriétaires, dont le nombre diminue chaque année à cause des difficultés qu'ils éprouvent à se faire servir, ont pendant très-longtemps joui des avantages attachés à l'agriculture ; pour eux, cultiver la terre était un agrément plutôt qu'une peine, un délassement plutôt qu'une fatigue. Ayant constamment à leur service un nombre plus ou moins considérable d'ouvriers et de domestiques auxquels ils commandaient en maîtres, les riches fermiers vivaient en petits souverains dans leur village : tout leur était soumis ; ils n'avaient qu'à parler, et ils étaient obéis. C'était d'eux qu'on aurait pu dire avec le poëte :

« *O fortunatos nimium sua si bona norint*
« *Agricolas!!* »

2

Pendant cette longue période de temps, le fermier propriétaire étant, pour ainsi dire, le seul producteur dans nos campagnes, n'avait pas à craindre le manque de bras : la bonne foi, la simplicité des mœurs étaient toujours pour lui une garantie suffisante de travail ; d'un autre côté, l'ouvrier attaché à la ferme qui lui donnait le vivre, ne l'était pas moins au maître dont il avait à cœur de servir les intérêts. Il régnait alors dans chaque village une sorte d'entente cordiale entre les fermiers et leurs ouvriers, association tacite dont la raison était, pour les premiers, le besoin de cultiver leurs champs, et pour les seconds, celui de gagner le pain quotidien pour eux et leur famille ; alors aussi, l'ouvrier des champs savait régler son régime de vie sur le prix de son travail : dès qu'il avait le nécessaire il était content !

Cet état de choses durait depuis si longtemps et était tellement passé dans les mœurs et dans les habitudes, que, de part et d'autre, l'on ne croyait pas devoir le changer ; il n'en fut plus ainsi quand tout vint à augmenter de valeur et que les fermiers réalisèrent de gros bénéfices. La prospérité toujours croissante de l'agriculture depuis cinquante ans, a, la première, éveillé

d'une part l'ambition des maîtres et de l'autre
l'envie cupide des ouvriers ; ce fut alors que
ceux-ci commencèrent à réclamer une moins
faible part dans la production de leur travail.
On resta sourd d'abord à leurs plaintes,
parce qu'on les croyait attachés invariablement
au travail agricole ! Les choses en étaient là
quand les fabriques, les usines vinrent successi-
vement faire irruption dans le pays.

V

La prospérité agricole avait augmenté le
nombre des cultivateurs, chacun cherchant à
exploiter le sol ; une sorte de concurrence
s'établissait entre le grand et le petit fermier
qui, faisant tout ou presque tout par lui-même,
se soutenait dans ce rude travail de production,
et constituait par là la classe moyenne dont il
sera dit quelques mots. Le fermier propriétaire
perdait, pour ainsi dire, le monopole de
l'agriculture ; les fermages s'élevaient par la
concurrence : il fallait de la terre à tout prix à
ces nouveaux venus ! L'industrie vint encore

augmenter cet état de malaise en s'implantant chez nous et autour de nous avec ses gros salaires; elle a commencé par enlever des bras à l'agriculture, et le fermier ancien ne voulant pas ou ne pouvant pas souscrire à ces nouvelles et onéreuses conditions de travail, s'est vu bientôt abandonné de ses ouvriers et même de ses anciens et jusqu'ici fidèles serviteurs.

C'est alors qu'il s'opère une véritable révolution dans le travail agricole : les rapports intimes qui unissaient l'ouvrier au maître se relâchent, se rompent même; celui qui livre ses bras sent maintenant son utilité, son importance, et il veut que l'on compte avec lui; comme l'ouvrier industriel, il exige un gros salaire et ne donne plus son travail qu'à des conditions bien définies et assurées. Autrefois il travaillait en homme soumis, pour ne pas dire plus ; il acceptait avec résignation et reconnaissance même le prix de sa journée; aujourd'hui il travaille en homme libre et exige que le produit de son labeur réponde à ses besoins.

En face de ces exigences, les fermiers, poussés à bout, pour ainsi dire, firent des

concessions : d'abord, et ce fut le plus grand
nombre, ils augmentèrent d'un quart, puis
de moitié le salaire des ouvriers; aujourd'hui
ce salaire est plus que doublé. D'autres fermiers, habitués au travail des champs, purent
diminuer le nombre de leurs ouvriers et
contrebalancer par ce moyen la plus-value du
salaire; un certain nombre enfin, ne pouvant
pas se résigner à accepter les conditions qu'on
venait leur imposer pour ainsi dire, prirent
l'agriculture en dégoût, louèrent leurs terres,
ou se firent industriels.

Tels sont aujourd'hui les rapports entre les
ci-devant maîtres et leurs serviteurs : les rôles
y sont évidemment intervertis. Aussi voyons-
nous la grande majorité des ouvriers valides et
forts faire défaut aux agriculteurs, et au lieu
de ces groupes nombreux de jeunes gens, de
femmes et de jeunes filles dont la gaîté et les
chants ajoutaient chaque année un nouveau
charme à la poésie du printemps, l'on ne rencontre plus guère aux champs, à l'époque du
sarclage, que des enfants et des vieillards dont
l'industrie n'a que faire; aussi voyons-nous
périodiquement le vide s'opérer dans les écoles,
l'instruction cédant ici comme ailleurs le pas
au salaire.

Ces difficultés survenues dans le travail agricole, difficultés qui constituent dans nos contrées du nord une véritable détresse, ont considérablement diminué la grande culture ; aux fermiers propriétaires ont succédé les cultivateurs à bail, ou la moyenne et la petite culture dont nous allons parler.

VI

Pour se débarrasser de leur exploitation, la plupart des riches fermiers ont loué publiquement leurs terres et ont vécu en rentiers ; d'autres les ont vendues pour se livrer au commerce ou à l'industrie. Ce changement d'état fut avantageux pour le plus grand nombre d'entre eux, dans ce sens qu'ils purent doubler ou à peu près leur revenu ; ces terres furent louées ou achetées à des prix fort élevés, la concurrence étant vive parmi les moyens et les petits cultivateurs, c'est-à-dire parmi ceux qui, habitués à travailler, n'avaient point à craindre le manque de bras.

Par là, un grand nombre de particuliers

augmentèrent leur culture ; de nouveaux
cultivateurs se formèrent , séduits par tant de
beaux champs jusqu'ici fortunés que les riches
leur abandonnaient. Ainsi s'est divisée la grande
culture pour passer dans les mains de la classe
moyenne.

VII

Le cultivateur à bail, ancien petit fermier, et
le plus souvent ancien ouvrier de ferme, posses-
seur de quelques coins de terre , et quelquefois
même n'ayant que ses bras et son courage; cet
homme, voyant ses enfants grandir, s'est dit un
jour : louons des terres et soyons aussi fermier ;
nous travaillerons chez nous et pour nous. Il
s'est donc mis à l'œuvre agricole à son corps
défendant.

Or, pour ces cultivateurs, si le sentiment de
la possession et de l'indépendance est agréable,
la vie n'est qu'un composé de peines, de labeurs
et de tourments si, après avoir rempli la double
obligation du fisc et du fermage annuel, ils
veulent se créer une existence convenable et à

l'abri du besoin ; pour le plus grand nombre
d'entre eux, il suffit d'une mauvaise récolte,
d'une crise commerciale, etc., pour les mettre
dans la détresse ; l'infortune alors frappe à
leur porte, et ce n'est qu'à force de travail
et de privations qu'ils la conjurent.

Le cultivateur à bail n'a ni repos ni trève
depuis le commencement de l'année jusqu'à la
fin ; il est toujours le premier au travail et le
dernier qui le quitte. Rentré des champs avec
sa charrue et les quelques ouvriers qu'il est
parfois obligé de prendre, fatigué, couvert de
boue et souvent mouillé dans la saison mauvaise, ce n'est pas le repos qui l'attend, mais un
travail d'intérieur que commandent les soins et
l'entretien de ses chevaux, de ses bestiaux ;
pendant toute la soirée, et souvent même une
partie de la nuit, il y est occupé ; vers deux ou
trois heures du matin il se lève pour donner le
déjeûner de ses chevaux et tout disposer pour
la reprise des travaux champêtres qui a lieu
vers cinq ou six heures. Pour lui les nuits sont
toujours trop longues et les jours trop courts ;
c'est à peine s'il a le temps de prendre ses
aliments aux heures du repas. Sa femme, ses
enfants sont forcément entraînés dans ce mou-

vement perpétuel : chacun a sa place dans la
maison, dans la cour, dans la grange, au jardin,
etc. Heureux encore quand il peut compter sur
sa famille dans ce labeur si pénible et si
compliqué ; car, si l'ordre, si l'économie
manquent dans son intérieur, jamais il n'arrivera à régler sa position , à mettre , comme
il le dit souvent, *les deux bouts ensemble ;* il
se verra obligé d'avoir recours à l'emprunt, ce
chancre de la petite culture, ou de vendre ses
quelques propriétés pour payer ses fermages,
aliénation très-souvent secrète, et qui se traite
entre lui et son propriétaire, à condition que
celui-ci lui louera la terre qu'il lui vend,
ni vu ni connu ! Telles sont les conditions, et tel
est l'avenir d'un grand nombre de cultivateurs
à bail : aussi voyons-nous ces véritables hommes
de peine vieillis avant l'âge, la figure hâve, le
corps courbé, les membres fléchis, les mains
calleuses, offrant enfin tout un extérieur qui
sauve à peine le signe de l'indigence.

Chez ces travailleurs, en effet, et dans leur
famille, l'organisation s'altère et s'affaisse
prématurément sous l'influence des excès de
dépense vitale, excès rarement compensés par
des précautions de salubrité et par une alimen-

tation régulière suffisamment réparatrice ; les
soins de propreté, l'hygiène, ne sont pas pos-
sibles là où le travail physique absorbe toutes
les facultés de l'individu !

Il faut voir sous quelles formes l'économie
s'exerce dans ces habitations rustiques ! avec
quelle parcimonie on y arrive à se procurer,
après les choses indispensables à la vie, les
moyens de remplir les obligations ! Pendant
presque toute l'année, le petit lait, le lait bat-
tu, les pommes de terre, les légumes, le lard
salé et enfumé y font la base de l'alimentation ;
le lait pur est rarement permis, on le réserve
pour faire le beurre que l'on porte au marché
avec les œufs et la volaille.

Quand on examine ce fermier locataire,
quand on le suit, pour ainsi dire, pas à pas
dans ses occupations de tous les jours, alors
que vêtu à la bohémienne, il n'inspire plus que
de la pitié, on se demande par quelle cause
une pareille activité peut se maintenir, en-
tourée qu'elle est de tant d'éléments de
destruction : le froid, le chaud, le sec, l'humide, etc., contre lesquels le patient, ou
plutôt l'ignorant, ne cherche même pas à se
prémunir.

Un travail assidu, souvent excessif, joint à une mauvaise alimentation, est, sans contredit, une des causes les plus puissantes de maladies et de mortalité chez cette classe de travailleurs si utile pourtant et si intéressante ; il faut reconnaître aussi qu'un régime par trop uniforme et insuffisant, sinon par la quantité du moins par la qualité, produit insensiblement une atonie générale qui rend l'individu incapable, dans certaines circonstances, de ces réactions vigoureuses qui sauvent des dangers. Ajouterais-je que la génésie opérée dans cet état de dépression vitale peut et doit avoir de facheux résultats ?

Ces tristes conditions conduisent fatalement à une fin également regrettable, l'ignorance ou l'oubli des règles les plus élémentaires de l'hygiène. En général, en effet, ces cultivateurs se négligent ; ils vivent et dorment dans la malpropreté au milieu d'émanations délétères, identifiés, pour ainsi dire, avec les instruments de leur labeur : les chevaux, les vaches, les bestiaux enfin, tous compagnons de leur vie matérielle.

Cette classe si recommandable par le courage et par la somme de travail qu'elle exécute annuellement devrait être malheureuse ! mais elle se complaît dans sa pénible condition, d'abord par le fait de l'habitude dont la puissance est ici incalculable, ensuite par le sentiment d'indépendance qu'elle y attache ; elle place en effet très-haut la liberté dans le travail et la libre jouissance de ses produits : cette idée seule la soutient et fait sa force.

C'est parmi ces cultivateurs qu'il est surtout besoin de relever par l'instruction et la morale la dignité personnelle plus ou moins déprimée par le travail continu. Car ces hommes, chefs de famille, rompus de bonne heure à la peine, d'une économie excessive, parce qu'ils sont toujours soucieux de l'avenir ; s'ils vivent et *font leurs affaires*, si quelques-uns même prospèrent dans leur exploitation, ce n'est malheureusement qu'au préjudice de la culture de leur esprit, l'instruction leur faisant trop souvent défaut.

VIII

Les ouvriers des champs ou de la ferme, difficiles à se procurer, plus difficiles encore à

conserver, leurs exigences étant extrêmes aujourd'hui, sont, ou des individus à la journée
et libres, ou des domestiques engagés à
termes. Parmi les premiers, les uns sont plus
ou moins attachés au fermier par des raisons
d'intérêt, celui-ci les aidant dans leur petite
culture à prix réduits ; les autres, libres d'en-
gagement et ne consultant le plus souvent que
le caprice ou l'intérêt du moment, peuvent
quitter le travail du jour au lendemain, ce qu'ils
ne font que trop souvent ; ces derniers forment
ce qu'on appelle les mauvais ouvriers, c'est-à-
dire ceux qui ne travaillent que pour leur
propre satisfaction sans jamais avoir égard
à celle de ceux qui les emploient : pour le
moindre motif, et au moment même où l'on a
le plus besoin d'eux, ils quittent la ferme,
abandonnent le travail, et c'est pour les remplacer qu'on est alors obligé de prendre des
invalides du travail, vieillards ou infirmes,
qui essaient encore d'aller gagner leur petite
journée.

Les ouvriers de ferme conservent un cachet
de rusticité qui leur est propre ; ce langage
rude et grossier qui distingue la plupart des
domestiques, valets de charrue, garçons de

cour, provient sans doute de leur contact habituel avec les bestiaux. Insensiblement, en effet, ce contact devient abrutissant pour ces natures qui ne réagissent pas par les sentiments; de là le regret de voir que ce soit presque toujours par des jurons et par de mauvais traitements, que ces malheureux, que ces misérables, disons mieux, prétendent soumettre à leur volonté, à leurs caprices, des bêtes plus ou moins intelligentes et sensibles qui sont confiées à leur direction! N'éprouve-t-on pas un serrement de cœur et de l'indignation à la vue de ces violences aussi sottes que cruelles, exercées sans raison et sans vergogne sur de pauvres et innocentes créatures?

On sent qu'il y a là à réformer, autant dans l'intérêt de l'animal que dans celui de l'homme; mais cette réforme ne sera possible, toute sévère que puisse être la loi Grammont, qu'autant que l'on saura bien que tout être intelligent, que tout être sensible est éducable, et que tous ou presque tous les animaux deviendraient doux et dociles si on les traitait convenablement!

C'est donc encore à l'instruction que nous devons demander cette réforme.

IX

Travailler à l'air libre et y respirer le *pabulum vitæ* est, sans doute, très-utile à l'ouvrier : personne ne conteste les conditions de salubrité et même de santé que comporte ce travail; seulement on a trop poëtisé la vie champêtre qui n'offre pas toujours un ciel pur, d'agréables senteurs et de doux ombrages. On a oublié, dans les riants tableaux qu'on en a fait, les rudes et fréquentes vicissitudes atmosphériques que subit l'homme des champs pendant une longue partie de l'année, alors qu'il lui arrive d'être plusieurs fois mouillé dans la journée et de se sécher autant de fois sur le travail à la faveur du vent ou d'un rayon fugitif du soleil; alors que couvert de boue et transi de froid, il rentre le soir chez lui après avoir gagné un franc, quelquefois moins quand le mauvais temps l'a empêché de compléter sa journée. Le plus pauvre de ces ouvriers trouve dans sa maison un foyer sans feu, une armoire sans pain, une garde-robe sans chemises, sans

habits; car le plus souvent il est en avance sur
son salaire et il n'a pas le sou : ce malheureux
n'a rien de mieux à faire que de se blottir sous
une ou deux mauvaises couvertures, sur de la
paille, entre quatre planches qu'on est convenu
d'appeler un lit; là, il se sèche et un léger
sommeil lui fait tout oublier.

De pareils faits, je me hâte de le dire, sont
aujourd'hui rares, et ils ne s'observent que chez
les individus tombés tellement bas, qu'ils n'ont
pas même souci de leur conservation; l'esprit
d'ordre et d'économie, l'amour-propre, la
prévoyance leur faisant entièrement défaut. Tels
sont les mendiants, êtres infirmes par l'esprit
et le cœur, renégats du travail; plaie sociale
que la civilisation prétend guérir, mais qui
semble ne se montrer au monde que pour rappeler à l'homme sa faiblesse et l'exciter à la
charité : rien, en effet, ne rabaisse autant
l'orgueil humain que le spectacle de la misère,
ce signe vivant et perpétuel de nos imperfections !

X

Les ouvriers agricoles, ceux à la journée surtout, ont, de nos jours, perdu considérablement
de leur valeur ; plus que jamais ils ont besoin
d'être dirigés et assidument surveillés si l'on
veut obtenir la somme de travail qu'ils doivent
fournir. Il y a 25 à 30 ans, l'homme en journée
était payé 12 patars ou 75 centimes, et la
femme 10 patars ou 63 centimes. C'était un
prix fixe et invariable, sauf dans quelques rares
exceptions.

Malgré l'exiguité de ce salaire, les ouvriers
et ouvrières s'acquittaient généralement de
leur devoir envers ceux qui les occupaient ;
aujourd'hui, hommes et femmes reçoivent à
la journée plus que le double et ils font moins
de travail qu'autrefois ! Partout, on se plaint
de leur mauvais vouloir, qu'on prendrait pour
de la paresse, si l'on ne savait que, quand ils
travaillent pour eux, ils le font avec beaucoup
de soins et de courage ; si on les surveille, si
on les stimule et surtout si on leur fait des ob-

servations, ils y répondent avec un sans-façon
plus ou moins grossier et s'en vont! Ainsi pour
la moindre parole, même dite en termes me-
surés et convenables, ils quittent le travail et
laissent le fermier dans l'embarras; ce dont ils
n'ont d'ailleurs aucun souci, au contraire!!
La conscience et l'amour-propre sont ici bien
évidemment en défaut; il manque à ces gens
principalement le sentiment du juste: verraient-
ils avec un certain déplaisir leurs services pro-
fiter à ceux qui les emploient?

Serait-ce l'ambition, serait-ce l'envie plutôt
qui les pousse à renier cette sainte loi du devoir?
On serait porté à le croire, si l'insuffisance intellectuelle et morale n'était pas là pour tout
expliquer.

Les ouvriers engagés ou à terme, domestiques
et servantes, sont-ils plus accommodants et plus
dociles? Au contraire; les cultivateurs les considèrent comme une plaie! Pour qui connaît
tous les soins, tous les détails que comporte une
ferme, à combien de non-valeurs et de pertes
les fermiers sont chaque jour exposés, il est
aisé de comprendre la légitimité de leurs plaintes quand leurs serviteurs semblent prendre à
tâche de les mécontenter. Apathie dans le

travail, insouciance de tout ce qui touche à l'intérêt du maître, mauvaise foi, abus de confiance, mépris de la règle, insubordination et désordre, voilà ce qu'on observe communément ; aussi les bons domestiques et les bonnes servantes surtout, sont extrêmement rares.

Dès que la confiance ne règne plus entre le maître et le serviteur, dès que celui-ci ne voit plus dans le travail journalier qu'une corvée ou le signe de l'assujétissement du pauvre au riche, du faible au puissant, le bien ne peut plus se faire, et les liens sociaux se relâchent ; les agriculteurs, dans nos contrées du nord, en sont là avec les ouvriers et domestiques qui semblent vouloir réaliser, par leur conduite, cette sentence du bon Lafontaine :

Notre ennemi, c'est notre maître :
Je vous le dis en bon français.

XI

Dans les beaux jours, alors que la campagne est dans toute sa splendeur, qu'elle est belle pour les artistes, délicieuse pour les touristes, et toujours admirable pour les poètes ; les ouvriers, les moissonneurs surtout, sont là le front courbé vers la terre, hâletants sous le soleil, et n'ayant le plus ordinairement, pour se rafraîchir, qu'une cruche d'eau fixée en terre ou couverte de verdure pour la tenir fraîche ; et pour lutter contre l'action débilitante et irritante à la fois de la chaleur du jour, que de la soupe maigre, du pain, des légumes et des pommes de terre, aliments qu'ils portent avec eux ou qu'ils se font apporter par leurs enfants. A l'heure du repas, ils cherchent ou se font un abri contre l'ardeur du soleil, et se rafraîchissent sous l'action volatilisante de la sueur dont leur corps est couvert (1).

Dans leurs moments de repos, ils ont l'habitude de s'asseoir ou de se coucher à plat ventre sur le sol qui conserve toujours une certaine

---

(1) J'ai souvent conseillé aux ouvriers des champs, pendant la saison des chaleurs, de mettre dans leur cruche, au lieu d'eau pure ou vinaigrée, une légère infusion de plantes amères, telles que la camomille romaine ou la centaurée bénite, à laquelle ils ajouteraient une faible quantité d'eau-de-vie ; cette boisson est très-désaltérante et salutaire.

fraîcheur, même par les temps les plus chauds ;
il en résulte un refroidissement local qui a souvent occasionné des accidents, tels que crampes
d'estomac, coliques, diarrhée avec ou sans té-
nismes, rhumatisme, point douloureux à la
région du cœur, toux, oppressions, etc., maladies auxquelles ils sont prédisposés et par
l'insuffisance de leur alimentation, et par les
brusques et fréquentes variations de température particulières à notre climat.

XII

Les moissonneurs travaillent presque partout
à la tâche, c'est-à-dire qu'ils sont payés ou à
la botte ou à raison de la superficie qu'ils dé-
couvrent, ce qui est pour eux un puissant stimulant ; ici encore leur salaire a été de beaucoup
augmenté, et maints ouvriers gagnent 5 à 6
francs par jour à faire la moisson : aussi n'ont-
ils que peu de repos pendant ce temps de récolte. Dès l'aube du jour ils travaillent aidés de
leur femme et de leurs enfants, et dans certaines
communes où les femmes se font hommes sous

ce rapport, toute la famille est emmenée dans les champs ; le berceau, traîné sur une brouette, couronne souvent cette petite caravane qui ne rentre pas toujours saine et sauve au logis. Cependant, malgré l'intérêt matériel qui l'absorbe et les conditions fâcheuses auxquelles le travail l'oblige, l'ouvrier agricole est encore celui sur lequel nous aimons à reposer nos regards ! Il est généralement homme d'ordre et d'économie ; ses habitudes, ses mœurs, révèlent encore une certaine pureté de cœur et cette fraîcheur de sentiments qui le sauvevarde contre le désordre des instincts et des mauvaises passions ; courageux, résolu, le désespoir loge rarement dans son âme ; il travaille et se résigne, confiant dans la Providence qui veille, dit-il, sur les malheureux comme sur les petits oiseaux !

Dans ces derniers temps, bon nombre de nos ouvriers ont quitté les champs pour la ville, croyant trouver le bonheur dans ce changement ; mais l'ouvrier des villes est-il plus heureux ? Non, assurément ; car si le salaire y est plus élevé, l'entretien y est plus coûteux ; de plus, le travail des manufactures, des ateliers, dans les caves ou autres lieux malsains

et humides, privés qu'ils sont de l'action bien-
faisante de l'air libre et de la lumière du soleil;
ce travail, dis-je, qui s'exécute le plus souvent
au sein d'une atmosphère impure, miasmatique,
est la cause d'un grand nombre de désordres
fonctionnels; c'est là surtout qu'on rencontre
des hommes pâles, étiolés, lymphatiques, à
complexion nerveuse, fatigués de travail et
souvent d'excès, portant en un mot le cachet
de cette constitution viciée qui engendre la scro-
fule, et qui a souvent pour terme la phthysie
pulmonaire. Ceci est prouvé par le résultat des
conseils de révision qui réforment, dans les centres industriels, deux individus au moins sur
quatre, alors que dans nos campagnes on trouve encore trois jeunes gens capables de servir
la patrie.

XIII

Vivre en travaillant est un droit naturel de
l'ouvrier, c'est-à-dire des neuf-dixièmes de la
population valide; de ce droit fondamental,
imprescriptible, dérivent la prospérité et la

stabilité des Etats. Mais si l'ouvrier a droit à la vie matérielle par le travail, il a droit, au même titre, à l'instruction, à la moralisation, à la vie intellectuelle enfin , qu'on ne peut lui refuser sans manquer aux lois divines et humaines.

Que l'ouvrier soit homme honnête, connaissant ses droits et surtout ses devoirs, alors, mais alors seulement, le travail aura sa véritable considération, son vrai culte, et le travailleur sera aux yeux de tous une puissance tutélaire ainsi qu'une source intarissable de perfectionnement et de bonheur social.

Malheureusement l'ouvrier des champs, pressé par les besoins de la vie, s'occupe peu de l'instruction, le salaire de la journée ayant pour lui plus d'attraits; aussi, dès que ses enfants peuvent gagner quelques sous, ils sont retirés de l'école à peine ébauchés, et devant bientôt oublier le peu qu'ils y ont appris.

D'un autre côté, le travail physique soutenu à un âge encore tendre, nuit non seulement au développement harmonique des organes, mais encore et conséquemment à celui des facultés intellectuelles qu'il engourdit; c'est ce que devraient savoir les pères et mères; c'est du moins ce qu'il serait utile de leur faire comprendre dans l'intérêt propre de leur famille pour le présent et pour l'avenir.

DU TRAVAIL INDUSTRIEL

XIV

L'homme fait une conquête chaque fois qu'il substitue à ses forces physiques une puissance étrangère à son individu ; chaque fois qu'il simplifie le travail, économise le temps, et agrandit le cercle de ses idées.

Tel est le pouvoir de l'industrie.

Dès qu'il est rendu à son activité naturelle, c'est-à-dire à ses tendances vers la perfection, l'esprit humain conçoit et exécute de grandes choses ; une nouvelle vie apparaît à la surface. C'est alors que, débarrassé de ses chaînes et du poids qui l'accablait, le peuple court en bondissant vers la terre promise ; un rayon du ciel l'éclaire et le guide ; son corps prend de la force et de l'élasticité , son imagination de l'ampleur ; son esprit grandit et plane bientôt dans des régions jusqu'alors inconnues ; il explore , il interroge tout ce qui s'offre à sa vue ; à chaque pas il découvre des nouveautés, des merveilles dans ce nouveau monde , et la nature semble se courber pour se prêter à l'étude de ses divins secrets.

Tel est le pouvoir de la liberté.

Aussi avons-nous vu depuis un demi-siècle, depuis trente ans surtout , surgir une foule de découvertes et de perfectionnements dans les arts et dans les sciences ; ainsi, la vapeur s'est de plus en plus substituée aux forces musculaires ; cette puissance , incalculable dans ses effets, s'appliquera bientôt à toute machine , et l'air atmosphérique, et le gaz hydrogène bi-carboné que le génie cherche de nos jours à exploiter et à utiliser comme force élastique plus puissante encore ; et l'électricité dont la télégraphie s'est emparée pour résoudre ce merveilleux problème de transmettre la pensée avec la rapidité de l'éclair, en franchissant les plus grandes distances et même les mers ; toutes ces grandes et miraculeuses découvertes qui, loin de limiter, agrandissent au contraire l'angle d'aspira-

tion de l'esprit, et lui fait de plus en plus aper-
cevoir l'immensité des choses inconnues ; toutes
ces merveilles, dis-je, nous démontrent que
l'homme, marchant ainsi de progrès en progrès,
de conquêtes en conquêtes de l'esprit sur la
matière, tend sans cesse à accroître son rôle
intellectuel aux dépens de son rôle machine !

XV

Les principales industries de ce pays sont
les mines houillères et les fabriques de sucre :
celles-ci existent depuis assez longtemps ; les
premières ne sont en exploitation que depuis
dix à douze ans, date à laquelle nous devons
rapporter le véritable mouvement industriel ;
ce fut vers cette époque, en effet, que l'auteur
célèbre du puits de Grenelle, cherchant à em-
bellir par un jet d'eau naturel le parc splendide
de Mme de Clercq, trouva dans ses sondages
le gisement houiller du Pas-de-Calais.

De temps immémorial, Hénin-Liétard, cette
ancienne ville et comté, a possédé beaucoup
d'ouvriers livrés à divers genres d'industrie ;

aujourd'hui, ce sont les menuisiers, les maçons et les couvreurs qui en font le plus grand nombre : ils y constituent les principaux corps de métiers. Chaque année, à l'arrivée de la belle saison, beaucoup d'entre eux vont travailler au dehors et reviennent à la fin de chaque semaine. Ces migrations hebdomadaires, dirigées principalement vers la ville, auraient dû modifier avantageusement la population ouvrière d'Hénin-Liétard, et lui inspirer du moins le goût de l'instruction et du beau ; hélas ! il n'en fut pas ainsi ! Travaillant sous la direction d'entrepreneurs exacts, mais avides pour la plupart, ces ouvriers ne purent remplir qu'un rôle machinal sous les yeux de ceux qui les exploitaient ; ils n'y apprirent que les ruses du métier ; le devoir, pour eux, se limitant par les heures et le temps du travail dans lesquels il se confondait.

Ainsi dressés aux seuls mouvements physiques, pour ainsi dire, ces travailleurs nous reviennent froids de sentiment et vides de morale, à la façon de l'obéissance passive du soldat.

Pour se perfectionner physiquement et moralement, il faut à l'homme, en général, et à l'ouvrier, en particulier, une certaine dose d'initiative sans laquelle il s'efface et s'annihile.

XVI

Plusieurs communes, entre autres Harnes, Billy-Montigny, Dourges, continuent à se livrer au commerce et à la fabrication du lin, industrie importante et très-ancienne dans le pays. Ce travail se fait surtout pendant l'hiver, et occupe un grand nombre d'ouvriers qui gagnent en moyenne trois francs par jour; cette fabrication s'opérant dans la morte-saison, alors que le chômage est le plus répandu, procure à ces communes une grande ressource contre la misère et fait désirer que tous nos villageois s'ingénient à se créer les mêmes avantages.

Le travail de fabrication du lin comprend : le *broyage* ou *maillage*, l'*espadage* ou *ékanguage*, et le *ratissage*; il se fait à la main, tantôt en la demeure de l'ouvrier, ce qui permet à celui-ci de se faire aider par sa femme et ses enfants, et, chose importante, de ne pas se séparer de sa famille; tantôt chez l'industriel même, dans des grangettes qu'on nomme vulgairement ékangueries, et par corruption ékaries ou ékanries, réduits assez restreints pour la plupart, éclairés seulement par quelques ouvertures négligemment pratiquées dans le mur opposé à la porte d'entrée pour servir au dégagement de la poussière qui y est très-abondante.

Cette poussière duvéteuse, d'une odeur particulière, pénible à respirer pour ceux qui n'en ont pas l'habitude, embarrasse les bronches, provoque la toux et produit à la longue une cachexie *sui generis* qui se traduit par de la maigreur et par une certaine pâleur et sécheresse de la peau; j'ai souvent rencontré des asthmatiques et quelquefois des phthisiques parmi ces ouvriers dont le régime alimentaire ne diffère guère d'ailleurs de celui de l'ouvrier des champs, bien qu'ils soient plus à leur aise que ces derniers.

Le travail de fabrication du lin, dans les conditions où il se fait encore aujourd'hui, doit être considéré comme insalubre. Il le serait moins si dans chaque ékanguerie on établissait un tirage de bas en haut pour la sortie de la poussière, ce qui, en hiver surtout, éviterait les courants d'air.

XVII

De tous les métiers à la main que l'industrie a absorbés par ses machines et ses filatures, il ne nous reste plus guère, après la fabrication brute du lin, que la broderie.

Il y a ici et aux environs un certain nombre d'ateliers de broderie d'où on expédie à domicile l'ouvrage à faire, ce qui occupe beaucoup d'ouvrières et enlève encore à l'agriculture des mains qui lui étaient utiles.

La jeune fille, la jeune mère, préfèrent généralement gagner chez elles, dans leur ménage, au coin du feu, 0,75 à 1,50 que d'aller par la campagne s'exposer à la pluie et au soleil pour 75 centimes à 1 franc par jour ; la brodeuse, d'ailleurs, est devenue plus ou moins coquette, et la souillure de la boue lui répugne ; mais si elle aime à s'abriter contre les intempéries du dehors, elle est le plus souvent sans défense contre celles du dedans, qu'une vie molle et légère lui suscite.

A la vérité, quand le commerce de broderie

marche bien, la vie est facile et même agréable pour ces brodeuses, et elles font envie aux ouvrières des champs; mais ce travail casanier, engourdissant, a plusieurs inconvénients qu'il est bon de signaler : la position assise et courbée sur le métier pendant une grande partie de la journée, et parfois de la nuit, amène à la longue une fatigue de l'estomac et de la poitrine, des troubles du côté du cœur et des fonctions digestives, et par suite une altération de l'hématose, ce qui explique la pâleur ordinaire des brodeuses ; ajoutons qu'elles vivent de peu et se nourrissent généralement mal, à cause des exigences de la toilette ; aussi éprouvent-elles le besoin de s'exciter au moyen du café dont elles font un usage immodéré.

Ce genre de travail, et certaines habitudes qui en dérivent, donnent, avons-nous dit, la raison de cette pâleur, des palpitations, de l'anorexie, des appétits bizarres, enfin de cette espèce d'anémie nerveuse qu'un bon nombre de ces ouvrières offrent à l'observation ; nous ajouterons que cet état d'étiolement les rend, pour ainsi dire, incapables de travail musculaire, et que, deshabituées de l'exercice et du mouvement, elles ne pourront désormais qu'imparfaitement remplir et les fonctions de mères et celles de femmes de ménage, ce qui est constaté.

Mises au travail de bonne heure et à un âge où elles devraient fréquenter encore les écoles, ces jeunes brodeuses perdent bien vite le sentiment de pudeur et cette pureté de cœur qui font l'ornement de la jeune fille ; l'instruction et l'éducation surtout faisant presque toujours défaut dans leur entourage et dans le milieu où elles vivent. Ces conditions sont d'autant plus regrettables que la jeune fille est destinée à devenir mère, et que celle-ci a la plus grande part dans l'éducation de la famille !

XVIII

Nos grandes industries fonctionnent d'une manière continue ; il n'y a de relâche qu'aux jours de fête et de dimanche après midi ; on y travaille donc jour et nuit, le chômage étant chose préjudiciable pour ceux qui exploitent et surtout pour les ouvriers.

Le travail s'y fait partout ou à la tâche ou sous une surveillance telle que la perte du temps

y est difficile ; les heures de repos y sont rigoureusement fixées, et l'on punit de l'amende ou
d'une retenue celui qui n'a pas rempli le temps
voulu du travail. Ceux des ouvriers, et c'est le
plus grand nombre, qui travaillent à la tâche
ou à *leurs pièces* n'ont guère besoin de surveillance, le salaire proportionné au travail étant
toujours là pour les stimuler.

Les ouvriers à la tâche prennent en général
beaucoup de fatigue, contrairement aux ouvriers
à la journée qui, sachant le matin ce qu'ils auront gagné le soir, travaillent avec indifférence
et se reposent le plus possible ; c'est pour les
premiers que le repos du dimanche serait surtout utile.

Ce repos, il faut le reconnaître, a été prescrit par des lois sages ; le travail continu, sans
relâche, est contraire aux lois de l'économie
humaine, et alors, tout naturellement, un jour
pour se reposer de la fatigue de la semaine, un
jour pour se récréer en famille, un jour pour
remettre son cœur, un seul jour, enfin, pour rafraîchir son âme en l'élevant à Dieu, auteur de
toutes choses et de tout bien ; ce jour-là est bien
le moins que l'on puisse prendre quand on a
fourni pendant une semaine son contingent

moral de travail : tout homme qui se respecte
doit y prétendre.

La fatigue est nuisible et quelquefois même
pernicieuse à un âge où la nature est en décadence ; les pertes alors sont en pure perte
parce qu'elles sont irréparables : que serait-ce
si la fatigue était de tous les jours ?

Les meilleures choses deviennent mauvaises
quand on en abuse, et le travail est dans ce
cas !!

XIX

Dès l'aube du jour et aussi à la tombée de la
nuit, un grand nombre d'ouvriers, portant la
gamelle, s'acheminent, les uns vers les mines
houillères, pieds nus ou mal chaussés, les autres vers les fabriques de sucre ; il faut qu'ils
arrivent à l'heure, quelque temps qu'il fasse,
le gain de la journée dépendant de leur exac-
titude.

Les ouvriers mineurs descendent, par les
échelles, dans les entrailles de la terre, et se
trouvent là dans un milieu plus ou moins

chargé de poussière de charbon développée par le travail : ils y respirent des gaz carbonifères, parfois sulfureux, et la fumée des lampes, sous une température de 15 degrés centigrades en moyenne. L'action de descendre et de remonter les échelles, produit une fatigue de chaque jour qui affecte principalement les organes respiratoires et l'organe central de la circulation ; et c'est là, très-probablement, une des causes des phénomènes asthmatiques qu'on observe fréquemment chez les mineurs parvenus à un certain âge. Espérons que bientôt les berlines seront partout substituées aux échelles.

Les ouvriers de fabrique sont tous les jours plongés dans une atmosphère plus ou moins chaude et humide, par la grande quantité de vapeur d'eau qui s'y développe et s'y condense.

Soumis à un réglement auquel on tient avec rigueur, ces ouvriers industriels travaillent en connaissance de cause ; cette soumission a son importance comme acheminement vers le respect de la loi, sauvegarde des intérêts particuliers autant que des intérêts généraux.

De part et d'autre on travaille pendant 10 à 12 heures sans interruption, si ce n'est pour prendre les repas ; puis, sans s'inquiéter des effets d'une brusque transition de température, on regagne le domicile, sans précautions aucunes, les uns le matin, les autres le soir, quand ils ont pris le travail du jour, de façon que ces établissements industriels déterminent un double courant de va-et-vient.

Rentrés chez eux, ces ouvriers se reposent pour la plupart, puis se promènent avec toute la satisfaction d'un devoir accompli ; ils ont gagné 2, 3 et quelquefois 4 francs, ce qui leur donne la faculté de se nourrir convenablement ; leur ordinaire, en effet, est en général confortable, et la viande et la bière n'y sont pas ménagées. *Corps gagne, corps dépense;* telle est leur devise ; aussi, tout ce qui est de bouche est ici d'un grand débit et d'un prix élevé : la boucherie, la charcuterie, l'épicerie et les cabarets sont en voie de prospérité dans ce pays depuis l'établissement des compagnies houillères. On se fera une idée de l'immense avantage qu'elles procurent au pays, au point de vue matériel, en sachant que les deux compagnies de Courrières et de Dourges paient, à leurs ouvriers, à chaque quinzaine, la somme de trente-cinq mille francs environ ; si l'on ajoute à ce chiffre ce que les diverses fabriques de sucre et usines distribuent au même titre pendant les trois ou quatre mois de l'hiver, on trouvera que près d'un million et demi est réparti, chaque année, parmi les travailleurs industriels de chacun de nos cantons. Une certaine aisance existe donc chez eux; ils prospéreraient même s'ils savaient mettre à profit le gain de chaque jour. Malheureusement, l'économie est une vertu rare chez ces ouvriers; la plupart vivent au jour le jour, et se trouvent dans la gêne et le dénûment après vingt-quatre heures de chômage et quelques jours de maladie !

J'ai souvent entretenu ces hommes de leurs propres intérêts et principalement de ceux de leur famille ; je leur ai indiqué les moyens certains et faciles d'améliorer leur position : ils ont, je pense, très-bien compris et même goûté mes observations ; mais j'ai senti que l'habitude était plus puissante chez eux que la raison, et qu'il fallait, pour arriver à bien, opérer de grandes et profondes réformes dans leur économie domestique.

— Vous ne savez ni lire ni écrire, leur disais-je, c'est déplorable ! Vous ressemblez à des sourds-muets ! Encore si vous cherchiez à réparer chez vos enfants le tort que vous vous êtes fait ou qu'on vous a fait ! Mais non ! vos enfants, que vous avez retirés de l'école pour les mettre au travail, savent à peine lire, et bientôt ils auront tout oublié, et ils seront comme vous sourds-muets, c'est-à-dire malheureux comme vous croyez l'être; ils n'auront ni savoir-vivre, ni bonnes habitudes, et ils perpétueront ainsi à leurs descendants, et par votre faute, l'ère des misères du corps et des infirmités de l'esprit.

— Vous avez raison, Monsieur, mais il faut vivre ! A l'âge de sept ans, je ramassais des pierres; à dix ans, j'allais au fond avec mon père qui n'avait que sa journée pour nourrir *moi sixième;* il y avait chez nous autre chose à penser qu'à nous mettre à l'école, et je fais de même. — Telles sont les réponses que nous font ces ouvriers forts et courageux pour la plupart; ce ne sont pas les bras qui leur font défaut, ni même le salaire : ce qui leur manque, c'est l'amour-propre, c'est la dignité personnelle, en un mot c'est l'instruction, source de perfectibilité physique, intellectuelle et morale chez l'homme.

XX

A part les blessures assez fréquentes auxquelles ils sont exposés, il y a généralement peu de malades parmi les ouvriers des grandes industries ; d'abord parce que ce sont presque tous des jeunes gens ou des hommes dans la force de l'âge, ensuite parce qu'ils usent en général de nourritures substantielles et corroborantes que le salaire leur permet de se procurer. Il est reconnu, en effet, qu'une bonne alimentation est une des premières conditions de santé et de force, et le moyen de prévenir la maladie ; ce régime est surtout utile à ceux qui journellement font une grande dépense de forces musculaires ou nerveuses ; c'est, d'ailleurs, un principe d'économie domestique que nous démontre tous les jours la physiologie comparée.

Quand nos ouvriers industriels prennent une maladie qui d'ordinaire est un mal de gorge, une bronchite, un rhumatisme et quelquefois une pleuropneumonite, c'est presque toujours par le fait de leur trajet de l'usine ou de la

fosse à leur domicile, alors que quittant une
température plus ou moins élevée, et ayant
parfois les vêtements mouillés, ils se trouvent
plongés tout-à-coup, sans y prendre garde,
dans une atmosphère froide, sous la pluie et
quelquefois sous la neige; influences dont ils
ignorent les conséquences, habitués qu'ils sont
à ces intempéries; aussi les cités ouvrières des
mineurs, vulgairement appelées *corons*, bâties
sur le champ même des travaux, sont, sous ce
rapport, d'une grande utilité.

Disons toutefois que le travail de ces centres
industriels, qui partout se fait à la détache ou
aux pièces, mieux surveillé, plus soutenu par
conséquent que le travail à la journée, et sans
cesse stimulé par l'appât du gain, entraînant
l'ouvrier à une vie plus active, lui réserve par
contre une vieillesse prématurée; en outre, cette
grande somme de travail, et l'augmentation de
salaire qui en résulte, donnent lieu à des désordres, à des excès de tous genres dont les
ouvriers ne paraissent pas devoir s'affranchir:
triste et déplorable condition qui semble n'admettre d'autre alternative que la misère, soit
que ces hommes gagnent peu, soit qu'ils gagnent beaucoup!

XXI

Ces nouvelles conditions économiques faites
aux masses par le progrès social, la vie plus
facile, cette plus grande somme de forces physiques et vitales qui doit en résulter pendant
toute la période d'activité de l'homme, ce bien-
être matériel enfin, peut-il avoir de l'influence
sur la santé, sur la vigueur de la génération
future? On serait porté à le croire, à l'espérer
du moins, si ces heureuses conditions de travail
au point de vue de l'alimentation étaient servies
et réglées par le sentiment du devoir, et par
le respect de soi-même; mais ici, plus que partout ailleurs peut-être, le mal se trouve à côté
du bien; car si l'ouvrier, si le travailleur en
général gagne de bonnes journées, il dépense
en proportion, et ses dépenses, loin d'ajouter à
son bien-être et à celui de sa famille, leur sont
le plus souvent préjudiciables. C'est au cabaret,
il faut le dire et le répéter, que se consomment
en grande partie les fruits du travail, en même
temps que s'y altèrent les plus nobles attributs

de l'homme : l'intelligence et la raison. Il est d'ailleurs incontestable que la génésie effectuée dans l'état de surexcitation causée par l'ivresse, exerce une fâcheuse influence sur la constitution de ses produits, influence qui paraît avoir une action élective sur les centres nerveux, et particulièrement sur le cerveau ; ce que nous prouve la fréquence des convulsions chez les enfants nés de parents buveurs ou intempérants.

Elever le niveau de l'instruction populaire et celui de la morale, prêcher d'exemple partout et toujours, c'est là le vrai, le seul remède indiqué contre ce qu'on appelle les mauvaises habitudes et le débordement des mœurs.

Par un regrettable abus de l'hygiène et par un sentiment de conservation mal compris, on rencontre un certain nombre de personnes, la plupart comblées des dons de la fortune, qui vivent systématiquement d'un régime tenu insuffisant à l'exercice normal de leurs fonctions organiques ; ainsi elles suppriment de leurs tables la viande, le vin, etc., et en général tout ce qui donne du ton et de la vitalité à l'économie ; elles mesurent, elles pèsent tout ce qu'elles prennent dans la crainte de charger ou *d'échauffer* leur estomac *débilité* ou même irrité par défaut d'excitants; leur teint pâle, leur maigreur, un malaise et des tiraillements de l'estomac pendant la vacuité de l'organe, attestent un manque de ton et d'énergie fonctionnelle, et leur progéniture, si elles ont la force d'en avoir, traîne une existence malingre, chétive, vouée à toutes les infirmités d'une organisation incomplète et viciée.

A ces malades par anticipation ne pourrait-on pas appliquer ce proverbe d'un poète latin:

Nonne hæc stultitia est ne moriare mori?

Ainsi donc, si l'atonie organique par insuffisance, si la fibre obtuse qu'on rencontre chez l'homme rustique en général, sont peu propres à procréer des êtres forts ou intelligents, l'usage habituel, ou mieux l'abus des excitants, ne donnent pas, sous ce rapport, de meilleurs résultats : *in medio stat virtus!* C'est en effet entre ces extrêmes que se trouve la vie normale, je veux dire celle qui tend à la conservation et au perfectionnement de l'individu.

Ce milieu, nous le rencontrons dans la classe moyenne dont il sera parlé plus loin.

CHAPITRE TROISIÈME

LE VILLAGEOIS

I

Ici, comme dans tous les pays sans doute, le villageois conserve un type particulier qui est un air de simplicité et de bonhomie ; son vêtement, sa démarche, son attitude, son parler surtout et ses mœurs le font partout distinguer dans la foule des humains ; toute son habitude, en effet, porte un cachet de terroir dont l'empreinte résiste plus ou moins au temps et aux circonstances, quelles que soient d'ailleurs les formes qu'il revêt.

Homme de labeur, accoutumé à ne fonder son espérance et son avenir matériel que sur son courage et ses bras, pour lui, travailler c'est vivre, et vivre c'est travailler.

En face des embarras et des tourments de la vie, il se console facilement, il donne peu de prises au chagrin et au désespoir ; borné dans ses désirs et dans son ambition, il ne voit rien au-delà de l'horizon de son pays : son village, sa maison, ses champs, ses bestiaux sont les principaux objets de son culte et de ses soins ; il est heureux quand il peut se suffire ainsi qu'à sa famille.

L'habitude de souffrir fait qu'on souffre moins.

Quand nous nous apitoyons sur le sort de tant d'hommes de peine qui gagnent la vie à la sueur de leur front, c'est en faisant un retour sur nous-mêmes et en nous supposant dans leur position ; mais ces travailleurs n'ont qu'imparfaitement le sentiment de leur misère, et leurs soucis, quand ils en ont, sont à coup sûr moins profonds, moins durables et surtout moins amers que ceux de la plupart des privilégiés qui les plaignent.

Profondément égoïste et avide de la propriété, toutes les combinaisons du villageois ont pour but la possession matérielle ; rien ne le relève autant que la faculté d'acheter de la terre. Pour lui, être riche, être quelque chose de considérable, c'est avoir du bien au soleil, et il a peu de confiance en celui qui n'en a pas :

l'amour du foncier domine tellement dans son esprit, qu'il lui sacrifie au besoin tous les autres sentiments, voire même sa santé; en effet, quand il achète ce qu'il appelle du *bien*, il augmente son mal en ce sens qu'ayant le plus souvent emprunté chez le notaire ou à quelque ami une partie du prix de son acquisition, il s'impose des privations et un surcroît de travail pour pouvoir rembourser son emprunt.

Son régime se borne souvent au strict nécessaire, et il a grand soin d'écarter de sa maison tout ce qui est de luxe; aussi il s'alimente mal en général, sinon en quantité, du moins en qualité, et son organisme languit pour ainsi dire sous l'insuffisance de reconstituants, ce qui le prédispose aux maladies, ou le prépare lentement à une caducité prématurée.

La plupart des paysans sont doués d'un grand appétit, par le fait même du travail musculaire; mais se bourrer l'estomac de légumes et de pommes de terre, ou bien de lard enfumé, ce n'est plus se nourrir, c'est se fatiguer les organes digestifs et y provoquer des congestions, des engorgements, causes d'un grand nombre de maladies.

Cette vie de labeur, où les excitants naturels

sont insuffisants, est peu propre à développer
les passions : c'est peut-être le plus sûr moyen
de les prévenir. Aussi ces habitudes de fruga-
lité, cette simplicité de mœurs qui caractérisent
le campagnard, sont bien plus le fait de sa
condition matérielle que les conséquences de
ses sentiments moraux, son ignorance, ou plutôt
son intelligence peu cultivée devant rarement
lui permettre de s'élever à ce niveau : d'ailleurs
il s'occupe peu des choses qui ne frappent pas
ses sens, et dans les questions de dogmes ou
de principes, qu'il abandonne volontiers aux
gens instruits, sa foi et sa logique se résument
en grande partie dans les usages et dans les
coutumes ; ainsi il fait comme il a vu faire, il
croit ce que l'on croit, et il ne voudrait pas
se faire remarquer en agissant et en croyant
autrement que les autres !

Entrez, par exemple, un dimanche pendant la
messe, dans la première église venue, vous y
trouverez réunis presque tous les habitants du
village. Tout d'abord ce concours imposant de
fidèles vous donnera une haute opinion de leur
piété ; mais en y regardant de près, vous re-
marquerez que bon nombre de ces assistants
sont distraits de la sainteté du lieu, et qu'ils

s'occupent moins de la Divinité que de leurs
propres affaires : on chuchote, on cause, on rit,
etc.; certains même se surprennent à dormir
pendant la célébration des saints mystères; et
dans les paroisses où le prêtre n'a pas su se
ménager les sympathies de son troupeau, s'il
monte en chaire, des groupes sortent plus ou
moins bruyamment du temple, ce qui devient
un scandale !

II

Cette infirmité de l'entendement et du cœur
qui paralyse la liberté autant que la raison,
rend notre villageois confus et sans consistance
dans ses idées, indécis dans ses déterminations,
et toujours prêt à accuser quelqu'un de ses
propres fautes ou de ses erreurs; il sait que
son ignorance a été de tout temps exploitée,
aussi est-il méfiant surtout envers les gens d'affaires et les hommes de *plume* !

Un procès, un litige quelconque, est pour
lui une lourde charge : d'abord parce qu'il n'y
voit pas trop clair, et ensuite parce qu'il craint

5

d'y jouer le rôle de dupe ; s'il sent qu'il est dans le vrai, il ne sent pas moins les désagréments des dépenses ou frais qu'il devra subir pour se faire rendre justice ; aussi s'abstient-il le plus souvent de se commettre, à moins qu'il ne possède la bosse du procès, bosse qu'on rencontre sur certains crânes où l'orgueil et la cupidité dominent.

Cependant, dans une foule de circonstances, le paysan cédera aux préjugés, et donnera dans les erreurs les plus grossières comme les plus compromettantes pour lui-même, et, ce qui est bien remarquable, il se rendra difficilement au raisonnement et même à l'évidence, tant il est porté à croire intéressés les sages conseils qu'on lui donne ; il dira oui quand il pense non, et réciproquement, s'il sait que la vérité peut devenir compromettante ou entraîner à des conséquences judiciaires et pénales pour des tiers.

III

C'est surtout en médecine que se montrent les erreurs et les préjugés populaires. A la campagne, tout le monde donne des conseils auprès des malades, et autant de visites autant d'avis : personne, dans ce cas, n'échappe à l'influence des voisins et des commères, et cette influence est souvent nuisible par les paroles inconsidérées et absurdes qu'on y débite à tort et à travers, et sans tenir compte des prescriptions du médecin.

Le préjugé le plus enraciné peut-être, est celui qui défend de changer le linge du malade dans les affections éruptives, pour que *les boutons ne rentrent pas !*

Chaque fois qu'une épidémie de scarlatine, de rougeole ou autre fièvre éruptive se déclare, je suis certain de me trouver en face du préjugé, et de rencontrer bon nombre de petits malades comprimés sous des couvertures et exhalant une odeur repoussante, parce que, depuis un certain nombre de jours, on s'est bien gardé de les changer de linge : un air pur et des soins de propreté font revivre pour ainsi dire ces petits martyrs.

Nous avons observé beaucoup de faits semblables en 1849, pendant l'épidémie de suette ; ici encore, dans la crainte de voir s'arrêter les sueurs abondantes et fétides, on tenait hermétiquement couverts les malades pour qu'aucun point du corps, le nez excepté toutefois, ne fût accessible à l'air extérieur ; si le médecin n'intervenait pas, cette position était gardée jusqu'à l'extinction de la sueur, c'est-à-dire jusqu'à ce que le malade exténué n'eût plus la force d'en pousser.

Tel était le cas de M. Daubresse, alors régisseur des mines de Courrières : il avait la suette depuis un mois, et depuis un mois il était resté dans le même lit, dans les mêmes draps trempés d'une sueur continue ! Des voisines, des bonnes femmes, et même *M. le vicaire* lui avaient bien recommandé de ne pas en bouger, de ne pas se découvrir, ni surtout de changer de linge !

En entrant dans sa chambre, je fus frappé d'une odeur asphyxiante ; je trouvai le malade calfeutré, pour ainsi dire, dans un lit, chargé de couvertures de laine, de dessous lesquelles il osa à peine me présenter la main humide et macérée ; son faciès, qui se montrait à peine entre deux draps sales et sous un bonnet crasseux, annonçait une débilité profonde que révélait d'ailleurs un pouls misérable. Ce pauvre homme était anéanti : séance tenante, et malgré les craintes que le patient m'exprimait, je le fis changer de lit et de chemise, et moins d'une demi-heure après, il me remerciait avec effusion du bien-être que je lui avais procuré; quelques jours suffirent pour le guérir.

Depuis trente ans je lutte contre ces déplorables erreurs! depuis trente ans je dis à toute occasion aux bonnes gens qui m'entourent auprès des malades : « Sachez bien, et n'oubliez » jamais que dans toute maladie, dans toute, » entendez bien, il est utile et salutaire de » tenir le malade propre, et de le changer de » linge. Sachez, leur dis-je encore, et n'oubliez » pas qu'il ne faut jamais empêcher un malade » de dormir, etc., etc. »

Je ne sais si j'ai réussi, non pas à faire disparaître, mais seulement à amender ces sottises populaires; toujours est-il que depuis huit jours, j'ai encore vu empêcher une femme de dormir après une couche longue, *pour prévenir une perte*, et un jeune homme auquel j'avais réduit une fracture de jambe, qui n'avait pas fermé l'œil durant vingt-quatre heures après la réduction, sa mère ayant passé la nuit près de lui pour le tenir éveillé, afin qu'un rêve quelconque *ne vînt pas déranger sa jambe!*

Je ne parlerai pas des rebouteurs, des uromances, des guérit-tout, des empiriques à tout crin, du feu Saint-Antoine, des maladies de Saint-Cornéli, de Saint-Vulgan, ni de la foule de jobards qui s'y laissent prendre; l'espace me manquerait pour exposer ici tout ce qu'il y a d'insensé et de ridicule dans ces pratiques inspirées par la ruse ou le fanatisme, entretenues par l'ignorance, et dont nos campagnes sont encore infectées.

Pour le campagnard ignorant, la science doit être une inspiration, et l'art de guérir un don particulier réservé à quelques privilégiés: aussi place-t-il volontiers ce don surnaturel chez un individu ignare, grossier, plein de ruses, comme si l'instruction dût à ses yeux en altérer la pureté! C'est ainsi que l'on peut expliquer tous les sacrifices de temps, d'argent et de santé que font les malheureux villageois quand ils sont dominés par l'esprit de vertige.

Il y a à peine un an que dans une commune des environs de Douai, un jeune enfant ayant été très-légèrement touché de la foudre, fut considéré comme ayant acquis par ce fait même le don de guérir, par le simple toucher, toute espèce de maladies, et cela pendant quarante jours après l'accident; eh bien! on accourut

de tous côtés près de cet enfant, et bientôt
l'affluence fut telle que la police de la ville dut
intervenir pour l'empêcher !

Bien rarement la vérité, et le sens commun si
rare encore, interviennent dans ces manifestations sans nom que la crédulité aveugle suscite.
Cependant, il faut le dire, tout étrange que pa-
raisse cet aveu, ce genre de folie n'atteint pas
que les ignorants; on voit des hommes re-
commandables, des personnages, sacrifier leur
dignité et leur raison sur cet autel du préjugé
et de l'erreur! Un grain de superstition serait-
il logé profondément chez tous les hommes?
C'est probable; d'ailleurs si l'habitant des villes
s'amuse du paysan, celui-ci se rit du bourgeois,
et l'on trouve qu'en fait de sotte crédulité, la
ville ne le cède nullement à la campagne.

IV

Quoique simple en apparence, le villageois
est parfois ambitieux; mais son ambition reste
comprimée par les difficultés de la mise en
scène, ce qui le rend secrètement envieux et

jaloux de tout ce qui brille ; il méprise le clin-
quant, il rit des faux toupets, « toute ostentation
est mensonge, » et cependant il se laisse aisé-
ment séduire par ces apparences trompeuses
dont les comédiens et les charlatans ont le
monopole.

Persévérant, infatigable et même rusé quand
ses propres intérêts sont en jeu, il est d'une
profonde indifférence pour tout ce qui touche
à l'intérêt général. L'idée de progrès et de civilisation l'occupe peu ; il est froid devant tout
mouvement social, à moins qu'il n'y trouve la
perspective d'une position meilleure, ou bien
l'occasion de s'affranchir du joug de la loi ; il
s'occupe peu de politique où il n'a souvent
trouvé que déceptions ; s'il lit un journal, chose
encore assez rare à la campagne, ce n'est que
pour savoir les petites nouvelles, et connaître
le prix des denrées.

A l'époque des élections, sollicité, tiraillé
jusque dans son domicile par les partis qu'il sait
intéréssés, le paysan ne se rend au scrutin que
par condescendance ou par crainte de se com-
promettre s'il n'y allait pas ; les trois quarts des
campagnards n'iraient pas voter s'ils étaient
abandonnés à eux-mêmes !

C'est une indifférence déplorable, dira-t-on ;
c'est abdiquer ses droits de citoyen ! — Non,
c'est tout simplement de l'ignorance ; on n'a
pas jusqu'ici enseigné à ces braves gens ce qu'ils
doivent faire ; ils ignorent pourquoi et souvent
pour qui ils sont appelés à voter. Il est tout naturel qu'ils aient de la répugnance à se rendre
au scrutin.

C'est toujours se risquer que de faire quelque
chose que l'on ne comprend pas ; et le paysan,
plus qu'aucun autre, hésite, craignant toujours
de se tromper ou d'être trompé : alors il se dé-
cide rarement à donner deux pour avoir quatre,
et ses soupçons et ses craintes se révèlent dans
tous les actes de sa vie ; enfin il est arriéré parce
qu'il est ignorant, et, disons-le de suite, il est
en cela beaucoup plus à plaindre qu'à blâmer.

Il se conduit tout autrement à l'endroit des
choses qu'il connaît et qui le touchent. Par
exemple, il sait comment il faut nourrir ses
bestiaux et cultiver son champ pour en tirer
profit ; il connaît la qualité et la valeur d'une
denrée et le produit qu'il peut en retirer ; il sait
tout cela et bien d'autres choses encore ; il sau-
rait également de quelle valeur serait son vote
si on lui avait enseigné ses devoirs de citoyen
et l'utilité d'une représentation nationale.

Cependant, il faut le reconnaître, le sentiment du droit et de la justice a fait depuis un quart de siècle de notables progrès parmi nos populations rurales ; on y sait mieux ce que l'on fait et ce que l'on doit faire ; les actes sont plus raisonnés sous ces formes agrestes qui se policent. Aussi les rixes, les batailles entre individus sont plus rares ; il y a plus de respect, moins d'indécence, et j'oserai dire plus d'urbanité dans les rapports.

Mais si les idées de sociabilité s'y montrent davantage, il n'en est pas de même des idées morales ; la vie individuelle, la vie intime semble y perdre ce que gagne la vie extérieure ou sociale ; en d'autres termes, plus la forme se civilise et plus le fond se corrompt ! Les satisfactions matérielles, devenues plus impérieuses à mesure qu'elles sont plus faciles, ont fait de la jouissance physique la règle du moment, et du vice, un corollaire de la vie pratique.

On a dit et répété à satiété que les romans, les feuilletons, les mauvaises lectures enfin, étaient la cause principale de la corruption des mœurs ; mais à la campagne on lit peu ou point de ces choses, et ce sont bien moins ceux qui les lisent que ceux qui ne les lisent pas qui sont corrompus.

Au milieu de sa quiétude ordinaire à l'égard de ses intérêts politiques et moraux, il est cependant une chose pour laquelle le villageois n'est jamais indifférent et qui le remue profondément : cette chose, c'est la guerre! Tout le monde comprend ce mot à la campagne où chaque foyer pour ainsi dire a sa légende militaire : les guerres de la Révolution et de l'Empire racontées dans les veillées, les récits émouvants des combats et des victoires de ces grandes époques, y ont laissé une profonde empreinte de souvenirs que la gloire de nos armes a tout récemment ravivée; partout, dans ces réunions du soir, si l'on y prête attention, on retrouve chez nos paysans la fibre gauloise, cette fibre de courage et de bravoure que deux mots magiques ont toujours fait vibrer : Gloire, Patrie !....

SES MŒURS ET SES COUTUMES

V

Les jeunes gens en général, et en particulier ceux de la campagne, aiment les plaisirs bruyants; tous les dimanches et jours de fête, après ceux de la place publique pendant le jour, viennent les divertissements du cabaret et de la danse vers le soir.

A nulle autre époque de notre histoire, on n'a vu les cabarets aussi nombreux et aussi fréquentés qu'aujourd'hui. C'est un fait grave et digne de sérieuses considérations, parce qu'il se rattache à une haute question d'économie sociale et d'hygiène publique.

L'origine des cabarets remonte sans doute à une époque très-reculée. Il est probable que des voyageurs, des pélerins, des émigrants en ont été les premiers instituteurs; la faim, la soif, le désir de se reposer, etc., ont dû surprendre

ceux-ci dans leurs marches aventureuses, et
les obliger à demander d'abord, puis à acheter
les secours dont ils avaient besoin ; l'instinct
commercial succédant bientôt au sentiment de
charité hospitalière, transforma peu à peu ces
maisons de secours en maisons de vente. Ainsi
s'instituèrent les cabarets.

Depuis lors, ces établissements ont subi bien
des modifications, et depuis longtemps, disons-
le, ils sont devenus l'expression assez fidèle des
mœurs publiques. Aujourd'hui, en effet, ce ne
sont plus que des lieux de réunion où l'on
vient s'attabler pour boire, jouer, causer ; pour
beaucoup de personnes, les cabarets sont un
moyen de distraction passé en habitude ; les
gens occupés n'y vont que les dimanches et
jours de fête, les désœuvrés s'y rencontrent
presque tous les jours. Boire de la bière, fumer la pipe et jouer, voilà ce qui constitue le
plaisir de cette récréation.

Il faut toutefois reconnaître que pour certains
individus, un autre attrait les y amène : celui
de voir, d'entendre et de converser ; c'est en
effet dans les cabarets que se débitent non seulement les boissons, mais encore toutes les
petites nouvelles ; la chronique scandaleuse a

sa grande part dans la conversation ; on y cause
en outre commerce et surtout agriculture ,
quelquefois religion et politique : chacun veut
dire son mot sur ces matières ; le soir, quand les
têtes sont un peu montées, l'on ne converse
plus, l'on discute ; parfois même les bornes de la
discussion sont franchies et l'on se dispute, l'on
s'échauffe, l'on s'irrite, l'amour-propre n'étant
jamais plus chatouilleux que quand il est ainsi
surexcité.

Naguère et sous le régime du franc-parler de
la royauté bourgeoise, toutes les questions du
jour s'agitaient dans les cabarets ; on y lisait, on
y commentait le journal ; chaque opinion avait
ses adeptes et chaque drapeau ses défenseurs :
alors point de réticences, point de chuchote-
ments ; le droit de parler forçait, pour ainsi
dire, l'idée dans ses retranchements et souvent,
malgré le champion même, elle se manifestait
au dehors. La liberté a ce pouvoir que les pensées mêmes les plus secrètes ne sauraient résis-
ter au mouvement d'expansion qu'elle leur
imprime ; aussi la vie intellectuelle en reçoit-elle
tout son complément.

Considérés sous ce point de vue, les cabarets,
les cafés et autres établissements de cette nature

ont une grande influence sur l'esprit public et
n'ont pas peu contribué a faire naître et à développer un certain ordre d'idées progressives
parmi le peuple des campagnes.

L'esprit de cabaret, dira-t-on, n'est pas de
l'esprit, mais du désordre ; j'accorde cette pro-
position à certains raisonneurs orthodoxes, mais
ils avoueront que l'habitude de parler et même
d'entendre parler finit par étendre le cercle
des idées, à développer l'intelligence et à rectifier
le jugement.

S'il est vrai que les relations internationales
sont un puissant moyen de civilisation, il faut
admettre que les relations entre individus ne
contribuent pas moins à adoucir les mœurs en
créant des éléments de fraternité ; ce résultat,
nous le constatons surtout dans les cercles,
réunions philanthropiques qui nous prouvent
que si les hommes se voyaient plus souvent, et
si l'homme instruit, si l'homme honorable et
influent par sa position ne dédaignait pas si
souvent le contact du prolétaire, celui-ci en
profiterait sous bien des rapports, et il y aurait
moins d'antipathie et de froideur parmi les
habitants de nos campagnes.

On évite le contact d'un homme inculte et

parfois incivil, et l'on ne se demande pas pourquoi il est inculte et parfois incivil! Nous faisons du cercle vicieux sans le savoir.

Malheureusement l'habitude du cabaret en entraine presque toujours une autre, celle de l'oisiveté : insensiblement on y perd le goût du travail, auquel d'ailleurs on devient moins apte. Sous l'influence de la bière, de la pipe ou du cigare, le cerveau, stimulé d'abord, s'engourdit ensuite, et les idées perdent de leur lucidité; on éprouve alors une tendance au sommeil, à la paresse, et cette décadence anticipée devient une source de désordres tant moraux qu'organiques qui pèsent principalement sur la famille.

L'usage habituel des boissons fermentées et des excitants en général, a la funeste propriété de développer les instincts en déprimant les facultés intellectuelles; sous leur influence, la machine humaine s'incline vers l'abrutissement. Que d'hommes vieux avant l'âge! que de ruines, que de misères engendrées par cette dégradante habitude !!

Il faut que la passion des buveurs soit bien puissante puisqu'ils lui sacrifient d'abord leur propre santé, puis le bien-être de leur famille; que ne peut-on leur faire comprendre, que, lorsqu'ils sont arrivés à cet oubli de leur dignité et de leurs devoirs, ils ne tiennent plus dans l'échelle des êtres qu'un rang intermédiaire entre l'homme et la brute!! Qu'attendre en effet d'un ivrogne? rien, si ce n'est le mal; nuisible à lui-même et à sa famille, inutile à la société pour laquelle il est un objet de scandale et de dégoût, il traîne une vie malheureuse, et meurt sans laisser le moindre regret.

Croirait-on qu'à notre époque, il se rencontre encore des individus assez oublieux de leurs devoirs et de leur dignité, assez indifférents sur leur santé, ce premier trésor de la vie, pour faire assaut de boire publiquement, en plein cabaret? J'en ai vu tomber ivre-morts dans la lutte, et je me suis demandé avec une profonde tristesse, à quel ordre de sentiments se rattachait cette façon de se distinguer!!

O jeune homme, ô mon fils! garde-toi de te souiller dans le vain plaisir d'une orgie; soigne ta santé dans ce corps que la nature t'a donné sain et pur; crains surtout de corrompre ton âme, cette sublime émanation de la Divinité qui n'a d'autre fin que la morale; et si ces considérations sérieuses, si ces puissants motifs ne peuvent t'arrêter sur la pente du vice, sache au moins qu'il est au bout de la honteuse carrière que tu parcours, un précipice affreux : le désespoir !

VI

De nos jours, les ouvriers de l'industrie sont ceux qui fréquentent le plus les cabarets ; ce qui s'explique, ainsi que nous l'avons dit, par l'élévation de leur salaire. Au jour de paie, qui a lieu le plus ordinairement chaque quinzaine, on sacrifie à Bacchus avec un entrain qui dure quelquefois pendant toute la journée du lendemain. On conçoit difficilement que des hommes fatigués de travail, et sachant leur femme et leurs enfants dans le besoin, se livrent encore au désordre de l'ivresse en dépensant en orgies le pain quotidien de leur famille et les trésors de leur santé !!

J'ai quelquefois essayé de faire comprendre à ces malheureux tout ce qu'il y avait de blâmable dans leur conduite ; j'en ai appelé à leurs sentiments de famille, à leur dignité d'homme, tout en leur prédisant l'avenir le plus sombre pour eux et pour leurs enfants s'ils ne changeaient pas de genre de vie : *Monsieur*, m'a-t-on répondu, *j'fais comme m'père, et m'sinfants f'ront comme mi ; quand qu'in travaille comme nous autes fort et ferme, in a ben l'dro d's'amuser un p'tit cosse !*

A ceux qui se plaignaient de ne pas gagner assez, je leur prouvais qu'avec un peu d'ordre et de bonne volonté, il leur serait possible de vivre et même de faire de petites économies pour la caisse d'épargne, caisse inconnue chez la grande majorité des ouvriers. Mon raisonnement, mes conseils n'ont jamais, que je sache, abouti ; la force de l'habitude, l'amour des jouissances physiques exerçant sur leurs appétits le plus puissant empire ! Quand la raison, ce souverain guide de l'homme, est en défaillance ; quand le cœur est tout aux sensations, les passions dominent sans contrôle et les sentiments se matérialisent. Il est en effet à constater que deux courants entraînent fatalement les ouvriers de notre époque : les appétits matériels et l'oubli ou l'ignorance des devoirs ; de là, le relâchement des liens sociaux, de là les grèves partielles qui en sont les conséquences.

Quand on accepte un travail sous conditions bien définies et consenties, on doit le faire en conscience, et autant dans l'intérêt de celui qui le donne que dans le sien propre. Le travail librement accepté est noble de sa nature et éminemment social, puisqu'il profite à celui qui le commande, à celui qui l'exécute, et enfin à la société; c'est ce que les ouvriers et serviteurs devraient comprendre. Malheureusement il n'en est point ainsi : la vie plus facile, une certaine habitude de luxe ayant augmenté leurs besoins et leurs exigences, le gain de chaque jour ne leur suffit plus ; ils se regimbent alors contre la règle qu'ils ont d'ailleurs acceptée, et vont se consoler au cabaret de ce qu'ils appellent leur dure condition.

On sent qu'il manque quelque chose à ce bien-être matériel pour qu'il trouve tous les avantages qu'on a droit d'en attendre, et ce .quelque chose, c'est l'instruction, c'est la morale.

VII

Après les plaisirs du cabaret, viennent ceux

de la danse ; ces deux divertissements se con-
fondent assez souvent à la campagne et se
donnent un mutuel appui. C'est dans les cabarets dansants que se montre et se dessine dans
toute sa désinvolture, la luxuriante nature de
nos paysans. Tout d'abord on y admirerait cette
exhibition de vigueur et de franche gaîté qui
brille dans le jeune âge, si l'on ne savait que
ce tourbillon si animé produit souvent des
orages ou des ruines ; là, sans surveillance,
abandonnés à eux-mêmes, les garçons et les
filles vont où les pousse le vent et ne reviennent que ternis ou viciés !

Les plaisirs matériels ou sensitifs laissent
presque toujours après eux des regrets, tandis
que ceux de l'âme n'engendrent que des joies
pures et durables ; il y a entre les deux tout ce
qui sépare la sensation du sentiment.

Il y a trente à quarante ans, toute la jeunesse
villageoise ou à peu près allait à la danse :
aujourd'hui on n'y rencontre plus que les prolétaires et les ouvriers proprement dits ; les
fermiers et fermières, tous ceux qui ont une
certaine position dans le village n'y vont plus ;
ces réunions se trouvent par cela même privées
de ces influences qui commandent le décorum

en opposant un certain frein aux excentricités turbulentes et désordonnées : de là, moins de gêne, moins de contrôle, et chacun et chacune prend les allures qui lui conviennent, ce qui produit souvent un tohu-bohu qui dure jusqu'à dix heures du soir, c'est-à-dire jusqu'à l'heure de la retraite ; la bacchanale cesse alors, et l'on voit sortir du cabaret les divers couples qui se dirigent plus ou moins vers leurs domiciles, prolongeant ainsi une promenade nocturne dont on comprend toutes les conséquences.

Nous aimons à croire que les pères et mères font à leurs enfants de vifs et parfois de violents reproches ; mais la plupart des parents sont, à ce sujet, d'une déplorable tolérance ! et quand ils veulent réprimer, il est souvent trop tard. D'ailleurs beaucoup d'enfants pourraient leur dire : Nous faisons comme vous avez fait !!!

Il me parait impossible, dans l'état actuel des mœurs villageoises, de remédier à cet état de choses ; des moyens ont été tentés, des mesures ont été prises sans que le but ait jamais été atteint. Ainsi quand M. de Montalembert, dans une de ses diatribes contre la république, dénonça à la tribune nationale qu'en France les

cabarets formaient deux cent mille clubs, ces
établissements furent soumis à un régime des
plus sévères; un grand nombre furent fermés
ou supprimés par ordre, et certains maires
poussèrent le zèle jusqu'à défendre même la
danse. Que résulta-t-il de cette dernière mesure?
le voici : les jeunes gens s'en allèrent au village
voisin, ou bien se livrèrent à la promenade,
de manière que tous les dimanches et jours de
fête, vers le soir, on rencontrait des couples
dans les chemins, dans les champs, partout! Le
dangereux tête-à-tête avait succédé aux réunions
nombreuses : l'on s'aperçut alors que le remède
était pire que le mal, et l'on fut obligé de laisser
se rétablir les cabarets dansants.

Aujourd'hui, les enfants du peuple se livrent
plus que jamais au plaisir de la danse, si l'on
peut appeler ainsi des sauts, des mouvements
désordonnés et tumultueux, exécutés sans cadence et sans mesure sous l'archet du méné-
trier. Ce divertissement, si naturel chez nos
campagnards, peut encore être considéré comme
un exercice gymnastique; il donne, il est vrai,
peu de grâce au mouvement comme au repos,
le goût, la dignité personnelle faisant ici défaut,
mais il entretient dans les membres la force et

la souplesse, et fortifie la santé par le plaisir dans ces luxuriantes natures.

Ce laisser-aller, ces joies, ces tumultes de cabaret ont souvent, et à juste titre, ému le clergé ; et du haut de la chaire de vérité, dans le confessionnal surtout, des prêtres ont condamné sévèrement ces plaisirs mondains comme une source féconde de désordres et d'immoralité.

Nous reconnaissons, avec les ministres de l'autel, combien ces réunions offrent de dangers ; nous en avons même souvent constaté le scandale avec une profonde tristesse. Mais qu'y faire ? à qui la faute ?...

Quand depuis des siècles, depuis toujours, le clergé dirige les âmes ; quand depuis des siècles il a la haute main sur les institutions et les mœurs, et jouit sans partage du monopole des vérités religieuses, on est en droit de s'étonner que la morale publique soit restée si en arrière au sein de nos populations rurales ! Car définitivement, et malgré tout ce qu'on a fait et dit, le niveau moral y baisse de plus en plus. N'est-il pas regrettable que depuis si longtemps, et alors qu'on avait tout pouvoir sur le troupeau, on n'ait pu le conduire de façon à le détourner de cette voie fangeuse et délétère qu'on nomme corruption?

L'ignorance grossière des pères et mères, le manque d'instruction et d'éducation de la famille, là est le mal, et c'est là que nous devons porter le remède.

Maintenant, et dans l'état actuel de nos campagnes, où tout s'émancipe par le travail et le salaire, où les idées morales sont entraînées et comme perdues dans le tourbillon des intérêts matériels, vouloir supprimer ce divertissement, ainsi qu'on l'a tenté, ce serait, dirons-nous encore, faire preuve de plus de zèle que de jugement : pour réformer cette coutume aussi ancienne que l'espèce, il faudrait changer la fibre humaine. Laissons la jeunesse s'amuser en attendant qu'elle se passe, car toute fleur a besoin de s'épanouir ; mais appliquons-nous à la diriger dans ses amusements, en lui inspirant l'amour du bien et du beau par de bons exemples.

Fénelon répondit un jour à un curé qui se vantait d'avoir aboli la danse dans sa paroisse : « Ne dansons pas, monsieur le curé, mais per- » mettons à ces pauvres gens de danser ; pour- » quoi les empêcher d'oublier un moment qu'ils » sont malheureux ? »

Autres temps, autres mœurs! Aujourd'hui, s'ils sont encore malheureux, ces pauvres gens ne l'oublient que trop : car le bonheur semble devenu, du moins en apparence, l'état habituel des jeunes gens et des jeunes filles du peuple ; rien, en effet, ne les gêne dans leurs expansions, ni le préjugé, ni le genre, ni l'étiquette ; les convenances sociales n'existent pas dans leur monde. Nos paysannes vont où elles veulent avec toute liberté ; elles se tutoient, elles tutoient les garçons qu'elles rencontrent, et leur prennent le bras sans façon ; on rit, on chante, on danse sans s'inquiéter le moins du monde de la critique et du *qu'en dira-t-on*. Ici le plaisir règle le bon ton, et c'est parmi eux qu'on rencontre le plus d'union et de fraternité.

Cependant la vie de l'ouvrier, de l'homme du peuple est souvent un sujet de blâme : cela se conçoit. Chez lui la vie est toute extérieure, et bien rarement elle est voilée par ces mille moyens adroits dont les gens du monde ont le secret. Mais est-il juste de lui en faire un reproche ?

Est-ce sa faute s'il n'a pas été cultivé ?

Est-ce sa faute s'il est né pauvre ?

Est-ce sa faute, enfin, s'il est grossier dans

son langage et dans ses manières?... Non, assurément.

Qu'on prenne au hasard l'enfant du pauvre ,
qu'on l'élève et qu'on l'instruise convenablement , et il y a cent à parier contre un que cet
enfant deviendra ce qu'on appelle *un homme
comme il faut.* Car Dieu n'a pas créé des riches
et des pauvres , des princes , des barons , des
aristocrates , des prolétaires , etc. ; il a créé
l'homme , c'est-à-dire un fond et une forme
perfectibles !

Cet individu , que vous rencontrerez dans la
rue , chantant , jurant , tapageant , serait peut-
être devenu une célébrité ou un gant jaune, s'il
fût sorti d'une souche aristocratique, ou s'il eût
été fils d'un conservateur parvenu !

On serait quelquefois tenté de croire que les
plaisirs expansifs , que les joies bruyantes des
fils du peuple excitent une secrète envie chez
ceux que leur position sociale condamne à la
réserve ; or , l'envie engendre l'injustice , et
l'homme le plus intolérant est souvent le plus
vicieux !

L'ouvrier, le prolétaire , n'a ni bière ni vin
dans sa cave ; il est donc obligé, s'il veut se dis-
traire et se récréer, d'aller au cabaret. Il n'y a

chez lui ni table somptueuse, ni bals, ni soirées
pour le retenir ; on ne devrait pas trop lui en
vouloir s'il emprunte à Bacchus ses joies et ses
fêtes. Son ignorance, sans doute, et sa mauvaise
éducation, le rendent souvent turbulent, excen-
trique dans ses amusements ; son aspect nous
afflige parfois et son contact nous blesse ; mais
au lieu de l'en blâmer, nous ne devons que le
plaindre, et loin de l'abaisser dans sa misère,
attachons-nous à le relever. D'ailleurs, que celui qui est sans défauts et sans reproches lui
jette la pierre ! Car l'homme est le même partout, quand la raison lui fait défaut, et alors
surtout qu'il cherche à oublier ses peines dans
l'ivresse des plaisirs.

VIII

Il existe dans nos villages, comme partout
sans doute, une catégorie de citoyens qui semble échapper, par ses mœurs et par sa conduite
habituelle aux blâmes et aux reproches dont il
a été question plus haut ; cette catégorie c'est
la classe moyenne.

Dans l'ordre social comme dans celui des idées, les extrêmes manquent souvent de valeur intrinsèque, en ce sens qu'ils ne comportent aucun principe sérieux, fondamental, sur lequel on puisse compter.

La classe moyenne se compose, à la campagne, du petit cultivateur, du petit commerçant et d'un grand nombre d'individus aisés qu'on appelle ménagers : les premiers et les seconds travaillent pour eux ; les autres, tout en cultivant leur petit héritage, se ménagent encore la faculté de livrer leurs bras à quelques fermiers ou à quelque industrie dans certains temps de l'année, ce qui ajoute à leurs ressources ordinaires.

Courageux, soigneux et sobres pour la plupart, les gens de la classe moyenne se distinguent par une vie simple, régulière, mais qui n'exclut pas toutefois une certaine fierté que leur donne le sentiment de l'amour-propre et de l'indépendance ; sachant se suffire à eux-mêmes, et élevant leurs enfants dans l'habitude du travail, de l'ordre et de l'économie, ils forment ces belles et souvent nombreuses familles dont tous les membres, unis par un mutuel attachement et soutenus par cette foi religieuse qui donne l'espérance et inspire l'amour du bien, repré-

sentent dans la société française ce qu'il y a de
plus vrai, de plus utile, de plus fort et je dirai
même de plus honnête. Essentiellement pro-
ductive, c'est la classe moyenne qui féconde le
sol, qui livre les bras les plus généreux et les
plus robustes à la patrie ; c'est sur elle que repose la confiance générale et l'espoir des géné-
rations futures. Ajouterai-je encore que c'est la
classe moyenne qui fournit le plus d'élèves aux
écoles primaires et qui donne au pays le plus
d'illustrations en tous genres ?

CHAPITRE QUATRIÈME

SALUBRITÉ

I

Les réglements sanitaires sont rarement ob-
servés dans nos campagnes, d'abord parce qu'on

n'en connaît pas l'utilité, ensuite parce que la nature des travaux agricoles et industriels s'allie peu avec tous les soins que ces réglements prescrivent ; on ne s'en occupe que quand une épidémie sérieuse apparaît, c'est-à-dire que l'administration supérieure provoque alors la mise en pratique des mesures hygiéniques laissées dans l'oubli : dès que le danger est passé, tout retombe dans l'indifférence, et la routine reprend ses droits.

II

Quand le villageois bâtit, il a bien moins égard à la salubrité qu'à la commodité de sa demeure ; il ne tient compte ni de l'exposition météorologique, ni de l'alignement, par la raison qu'il ignore l'utilité de ces dispositions et l'influence nuisible des vents et des courants d'air ; il prend seulement le soin de se prémunir contre les premiers en plantant des arbres autour de son habitation, sans se douter que ceux-ci entretiennent l'humidité en empêchant l'accès de l'air et de la lumière surtout, deux conditions essentielles d'assainissement.

Les maisons ainsi construites au hasard peuvent être insalubres par le seul fait de l'action des vents. Dans nos contrées, les vents du nord, du sud et du sud-ouest sont très-fréquents ; ce dernier surtout souffle souvent avec une violence extrême et cause chaque année des dégâts ; j'ai fréquemment observé que les premiers affectaient péniblement les personnes atteintes de rhumatisme, de gastralgie, de toux, etc. ; que les seconds étaient favorables au développement des érysipèles, des fluxions de la face, des dermatoses, et que les troisièmes amenaient les accès d'asthme, les angines, les ophthalmies, les odontalgies et un trouble notable du système respiratoire : d'où il suit que les habitations qui ont leurs façades au nord, au sud et à l'ouest doivent être réputées insalubres, si d'autres bâtiments adjacents ne corrigent pas les effets de ce vice d'exposition. Les maisons construites à aîles ou à marteaux, si communes dans nos campagnes, ont surtout le grand inconvénient d'engouffrer les vents et d'ajouter à leur violence en augmentant leur vîtesse ; ici encore, ces aîles ou dépendances sont bâties au hasard, par caprice du moment, ou en vue d'une certaine commodité ; d'ailleurs, ces bâtiments secondaires, qui sont le plus souvent des écuries, des granges, des étables, ne devraient être ajoutés au corps de logis que de façon à lui faire un abri contre les vents nuisibles.

Quand la maison d'habitation fait face à une cour complètement renfermée, ainsi que cela existe pour beaucoup de petites fermes, les conditions de salubrité n'y sont pas meilleures : les vents, il est vrai, y ont moins d'influence, la maison étant mieux abritée ; mais aussi, viennent les chaleurs, et alors les exhalaisons de toute espèce qui se dégagent de la cour sont plus faciles, plus abondantes et moins ventilées ; le corps de logis en est plus imprégné. Il est du reste toujours incommode et malsain de falloir traverser une cour pleine de fumier pour sortir de chez soi.

Les meilleures expositions d'une maison sont : l'est d'abord, puis le sud-est et le nord-est ; il est rare, en effet, que l'inclémence du temps nous arrive de ces directions ; les mers du nord, du sud, de l'ouest qui bordent la France, et les continents de l'est, nous expliquent probablement cette différence remarquable dans les phénomènes météorologiques de notre climat.

Il serait difficile de dire comment agissent

7

les vents sur l'économie humaine : ce n'est que par l'observation et *à posteriori* que l'on peut arriver à quelques données, au point de vue de leur influence morbide. Tout vent rapide peut être considéré, dans ses effets sur l'économie, comme un courant d'air ; il nous enlève, par son contact, une certaine quantité de chaleur, quantité qui devient considérable si ce vent est froid ; or, cette soustraction plus ou moins continue de la chaleur animale ne peut être contrebalancée, amortie, que par une réaction en sens inverse de l'économie, et si cette réaction est insuffisante, une maladie s'ensuit. C'est ainsi, selon moi, que l'on doit expliquer, dans la majorité des cas, cette foule d'affections que prennent les constitutions débilitées ou délicates, soumises à de semblables influences.

Les deux extrêmes de la vie, les petits enfants et les vieillards, y sont principalement sensibles ; j'en ai vu de très-nombreux exemples. Ainsi les jeunes enfants, ceux qui sont encore au sein, supportent difficilement un voyage, même en voiture, et presque toujours, malgré les soins dont on les entoure, ils sont ramenés malades : est-ce l'effet du vent ou du changement de milieu ? Je ne sais, mais c'est à coup sûr l'effet du voyage. J'en dirai autant des vieillards dont il est souvent dangereux de changer les habitudes.

Un vent rapide, en frappant la face, irrite la muqueuse des lèvres, des yeux, du nez, des oreilles ; il s'introduit en plus grande quantité dans les bronches, et précipite la circulation par une absorption plus abondante de l'oxygène de l'air ; les poumons se gonflent, pour ainsi dire, et se trouvent dans la position d'un estomac trop rempli d'aliments. Cette excitation générale causée par le vent, anime peu à peu la sensibilité nerveuse ; elle porte au cerveau, amène le spasme du cœur et des organes de la respiration ; et si l'organisme est en insuffisance contre cet agent extérieur et les phénomènes qu'il produit, alors il se trouble, il y a maladie. Telle est l'explication que je crois devoir donner des effets du vent sur l'économie humaine, sans avoir d'autre prétention que de consigner ici le simple résultat de mon observation.

III

L'alignement n'est pas mieux observé que la

bonne exposition ; il serait cependant utile d'y tenir la main dans nos villages, où les rues offrent, par l'extrême irrégularité des constructions, un aspect triste, un obstacle continuel aux cours des vents qui tourbillonnent et se brisent dans leurs anfractuosités, et sont enfin une cause de malpropreté. Le défaut d'alignement, outre qu'il porte un préjudice réel à la propreté, nuit à l'harmonie et blesse le goût du beau qu'on devrait bien chercher à inspirer á nos campagnards par des exemples; il est encore incommode et insalubre en favorisant le séjour des immondices et de l'humidité.

Toute construction nouvelle devrait donc être surveillée, sinon dirigée, afin de la mettre en harmonie avec les règles de la salubrité, et ce soin pourrait incomber, soit à un agent spécial, soit même aux membres des comités d'hygiène publique qui trouveraient là matière à développer leurs moyens d'action sanitaire, jusqu'ici bornée à des futilités. Ces messieurs, en effet, croient avoir rempli leur mission quand ils ont signalé, dans leurs rapports, quelques trous à fumier, quelques mares ou fossés d'eaux croupissantes, ou bien encore quelqu'odeur d'usine qui affecte plus ou moins leurs sens olfactifs.

Eh ! bon Dieu ! il y a quelque chose qui croupit bien davantage, qui donne bien plus de nausées, et dont on devrait avant tout s'occuper : ce quelque chose éminemment méphitique , c'est l'ignorance !!

Il n'est pas rare, en effet, de retrouver, dans certains villages , de ces petites chaumières enfoncées dans le sol, éclairées par des lucarnes, où l'on ne pénètre qu'en se courbant le dos pour se garer le chef de la vieille poutre noircie par la fumée , et où la chambre à coucher , à peine éclairée, communique avec l'étable et constitue, par ce rapport facile et commode, une sorte de communauté entre les bestiaux , les poules, les lapins, etc., et les hommes : tristes coutumes enfantées par la simplicité et l'ignorance, et qui disparaîtront , espérons-le, sous le souffle révolutionnaire du progrès !

IV

C'est dans ces bas-fonds, si je puis dire ainsi, de la société , où l'homme joint à une nourriture malsaine, et parfois insuffisante, la respiration d'un air méphitique , que l'on rencontre encore de ces maladies à forme putride et maligne si communes autrefois , et aujourd'hui de plus en plus rares : ce fait seul suffirait pour démontrer l'intimité de rapport entre l'hygiène et le progrès des lumières, entre l'insalubrité et l'ignorance. La propreté, l'ordre, les sentiments, la dignité personnelle , la conscience même , ne sont-ce pas les conséquences de l'intelligence des devoirs envers nous-mêmes et envers les autres?

Mais le paysan peut-il se passer de son trou à fumier et de l'eau croupissante qui s'y trouve ? où le mettrait-il , sinon dans sa cour , sinon en face de ses étables ? Et puis quelles conséquences a-t-on rigoureusement tirées de ces trous , de ces eaux stagnantes, au point de vue de la salubrité et de l'hygiène publique ? Il y aurait là-dessus bien des choses à dire. Je me bornerai seulement à un fait que j'ai constaté par centaines de fois, à savoir, que les maladies ne sont pas plus fréquentes là où l'on signale ces mares d'eau croupissante, ces trous à fumier, etc., que dans les maisons les mieux ordonnées et les plus sainement entourées.

Dans les diverses apparitions du choléra qui sévit si cruellement sur nos campagnes en 1832,

1834, 1849, et 1854 à Evin-Malmaison ; dans celles plus fréquentes et non moins désastreuses de la fièvre typhoïde que j'ai observées depuis trente ans, nous avons vu souvent les maisons les plus saines en apparence être châtiées par l'épidémie, et, auprès de celles-ci, des habitations les plus malpropres, les plus mal entourées, en être préservées, comme si un antagonisme se fût établi entre les miasmes de l'intérieur et ceux de l'extérieur.

En 1832, le village de Montigny-en-Gohelle, ayant six cents habitants environ, n'eut pas un seul cas de choléra, alors que l'épidémie décimait les populations circonvoisines, alors surtout que son marais, rempli de lin en rouissage, exhalait cette odeur forte, pénétrante et très-désagréable qu'on appelle vulgairement odeur de roui ; eu égard à ces conditions, que l'on considérait comme prédisposantes, on avait à l'avance porté sur cette commune un sinistre pronostic, et cependant elle fut entièrement préservée.

Mais un fait qui m'a souvent frappé, c'est que les individus incultes, à formes grossières et dominés par les instincts, ont généralement offert peu de résistance aux influences épidémiques, de même que ceux dont toute l'activité se résume dans le travail musculaire ; c'est ainsi que le célèbre Dupuytren nous faisait remarquer, à sa clinique, que les forts de la halle supportaient moins bien la maladie que les sujets en apparence beaucoup moins robustes : là, en effet, il n'y avait, pour ainsi dire, que des muscles et une fibre obtuse, tandis qu'ici se révélait l'influx nerveux qui donne l'intelligence et qui fait la force de résistance de l'homme.

V

La vie n'est, à proprement parler, que la manifestation des fonctions ou de l'activité organique ; donc, vivre c'est agir : *vivere et agere idem est*. Mais l'homme a deux fonctions ou manifestations distinctes, aussi essentielles l'une que l'autre : l'activité physique et l'activité intellectuelle ; ces deux activités sont dans des rapports tels que quand l'une s'accroît, l'autre diminue ou baisse. Par exemple, l'individu habitué au travail physique est généralement peu apte au travail intellectuel, parce que

chez lui le cerveau, centre d'activité de la pensée, se trouve dans ce cas constamment distrait
de ses aptitudes par la dérivation des forces qui
se concentrent sur les muscles ou organes du
mouvement ; de là cette apathie, cette lourdeur
intellectuelle qu'on voit généralement chez les
ouvriers de nos campagnes qui *suent* pour écrire
deux mots. Inversement, l'homme livré aux travaux de l'esprit perd de plus en plus l'aptitude
au travail du corps ; les organes du mouvement
n'étant plus suffisamment excités, dirigés ou
servis par le cerveau où les forces se concentrent, souffrent de cette sorte d'abandon, si
l'on peut dire ainsi, et éprouvent à la longue
des altérations intimes qui amènent ces troubles fréquents qu'on observe chez la plupart des
hommes de cabinet et des penseurs. L'homme
complet, l'organisme normal est donc celui où
se trouvent équilibrées et les fonctions physiques
et les fonctions intellectuelles.

VI

Au lieu d'enfoncer les murs, de détruire les

cloisons, chez de pauvres gens, pour augmenter dans leurs demeures l'espace et la lumière, au lieu de supprimer quelques trous supposés infects, mesures que le paysan trouvera toujours vexatoires, qu'on instruise celui-ci, qu'on l'éclaire sur l'importance de la salubrité ; qu'on lui dise, qu'on lui démontre que c'est dans son propre intérêt et dans celui de sa famille, que l'on rend obligatoires les réglements d'hygiène publique, et on le verra bientôt (s'il le peut), rechercher spontanément et l'air pur et la lumière dans son habitation ; car, disons-le souvent, ce n'est pas en vexant et en comprimant, mais en élevant le niveau de l'instruction et de la saine morale, qu'on arrivera à détruire chez l'homme ses vices, ses erreurs et ses mauvaises habitudes ; ce n'est pas non plus avec des paroles irritantes et des menaces, mais avec le langage de la raison et de la bienveillance qu'on le civilise.

Beaucoup de maisons, à la campagne, ont le rez-de-chaussée humide et les chambres à coucher trop petites ; en y pénétrant le matin, on respire un air méphitique qui suffoque. Je me suis souvent demandé comment il était possible de vivre dans un milieu ainsi vicié. Assez souvent même, on trouve dans ces chambres des lits renfermés dans des alcoves qui ne s'ouvrent qu'à l'approche du médecin. Il n'est pas douteux que l'hématose ne se fasse mal dans de pareilles conditions, et que l'économie n'en ressente tôt ou tard les fâcheux effets.

Dans les chaumières, et dans celles surtout habitées par des pauvres peu soigneux et malpropres, l'odeur de la chambre à coucher a quelque chose de particulier, *sui generis*, qui rappelle la crapule et provoque des nausées ; ces tristes demeures ne sont point pavées ; un sol tassé et durci remplace les carreaux, ce qui entretient constamment une fraîcheur plus ou moins humide, nuisible au premier chef, même aux fortes constitutions, qui finissent par y prendre soit le rhumatisme chronique, soit la phthisie pulmonaire, et une foule d'autres maladies qui indiquent l'appauvrissement du sang. Ici, point de correctif, rien qui puisse détruire ou modifier ces pernicieuses influences, le régime alimentaire étant à la hauteur des idées chez ces représentants de la simplicité rustique et de la pauvreté.

Ordinairement, les maladies développées dans ces maisons prennent un caractère tout particulier de malignité ; aussi les érysipèles , les furoncles, les plaies en général, ont une tendance à la putridité ou à la gangrène ; et si l'on y rencontre la fièvre typhoïde , qu'on n'appelle plus ailleurs que fièvre muqueuse , à cause de la disparition de ses symptômes de dépression vitale, cette maladie revêt promptement la forme putride. C'est ici qu'éclate cette vérité souvent déduite dans ce travail , que l'ignorance , qui engendre partout et toujours l'insensibilité du cœur et l'indifférence de l'esprit, est la source la plus féconde des maladies.

Le rez-de-chaussée, avons-nous dit, est d'ordinaire humide et froid dans nos habitations rurales ; ce qui y contribue le plus, ce sont les fréquents lavages à grande eau des pièces presque partout pavées en briques ou en carreaux ; ces lavages y entretiennent , principalement en hiver, une fraîcheur constante et donnent lieu à la formation du salpêtre à la partie inférieure des murs. Dans presque toutes les fermes , et chez la plupart des gens aisés , les chambres à coucher sont en bas et plus ou moins éloignées de la cuisine, seule pièce où l'on fait du feu ; il en résulte qu'il y fait très-froid en hiver, à tel point que l'air expiré pendant le sommeil se condense sur les couvertures, et qu'en été on y ressent encore une fraîcheur assez notable pour faire contraste avec la température ambiante. La salle à manger, plus ou moins vaste, que l'on n'ouvre et que l'on ne chauffe qu'aux grands jours, saisit de froid le dos et surtout les pieds pour peu qu'on y séjourne, et plus d'un convive en a emporté le germe d'un rhume, d'une angine ou d'une maladie plus grave. Nos villageois n'y regardent pas de si près, et ils ne se doutent guère de ces mauvaises conditions hygiéniques que l'habitude ne leur fait pas toujours braver. A preuve de leur insouciance, pour ne pas dire plus, c'est qu'ils placent quelquefois leur lit contre un mur nouvellement plâtré et sur lequel ruisselle encore l'humidité ; imprudence parfois punie par le rhumatisme ou autre affection de cette nature.

Cet état de choses si répandu à la campagne, et qui est bien plus le fait de l'habitude que du raisonnement, nous fait désirer que dans toute habitation, ou du moins dans toute construction nouvelle, on approprie une ou plusieurs pièces en haut pour chambre à coucher, soit en faisant un étage ou même une mansarde ; par ce moyen, il y aurait un plancher au lieu d'un sol humide

et froid, et la mauvaise influence des murs sal-
pétrés, pendant le sommeil, n'existerait plus.
Ces améliorations me paraissent très-réalisables :
il suffit de les vouloir et de les faire passer dans
les mœurs ; elles seraient peu coûteuses, d'ailleurs, et à la portée de beaucoup de monde ; ce
serait une excellente mesure de salubrité, car il
est reconnu que c'est souvent pendant la nuit
que se déclarent les maladies *per circumfusa;*
c'est dans le calme du sommeil que l'absorption
a le plus d'activité. A cette heure, en effet, les
vapeurs soulevées par le soleil pendant le jour,
retombent vers la terre pour s'y condenser : or,
ces vapeurs plus ou moins impures et méphiti-
ques agissent avec d'autant plus d'intensité que
les individus qui les respirent sont plus rap-
prochés du sol ; et c'est ce qui explique sans
doute pourquoi les bas-fonds sont plus châtiés
par les épidémies et les maladies en général que
les pays élevés. La conclusion de ce fait est que
les personnes qui ont un étage pour coucher, y
trouvent d'abord plus d'air et de lumière, des
chambres plus saines sous divers rapports, et y
sont ensuite moins exposées aux influences pernicieuses des vapeurs et des miasmes de la nuit.

Ce fut pendant le règne du choléra que ces

observations m'ont frappé. Ayant été appelé à
visiter et à soigner, tant à Hénin-Liétard qu'aux
environs, un nombre très-considérable de cho-
lériques à tous les degrés et dans toutes les
conditions (en 1832, 1834, 1849, et, en 1854,
à Evin-Malmaison), j'ai constaté que cinq fois sur
six les symptômes de cette affreuse maladie se
sont déclarés pendant la nuit. Disons de suite
que par une précaution fort mal entendue à
mon sens, la grande majorité des habitants,
dans le but d'aérer leurs maisons, laissaient
leurs fenêtres ouvertes pendant la nuit, ce qui
facilitait singulièrement l'introduction de ces
vapeurs ou miasmes ; bon nombre aussi, toujours dans le but de respirer un *bon air,* se
livraient à la promenade pendant le serein du
soir et même de la nuit, sans se douter qu'ils
faisaient justement le contraire de ce qu'ils auraient dû faire pour se préserver de l'épidémie.

En tout temps, mais principalement dans la
saison des beaux jours, les promenades après le
coucher du soleil, et surtout pendant la nuit,
sont malsaines ; la lumière du jour épure l'air et
le rend plus respirable. C'est un fait pour moi
bien établi ; et s'il avait besoin d'être appuyé
ou confirmé par une observation décisive, il me

suffirait de rappeler que le gouvernement belge, voulant éviter l'inconvénient de la chaleur du jour, fit voyager ses troupes pendant la nuit, et qu'il en résulta un inconvénient bien plus grave, celui de voir un plus grand nombre de soldats tomber malades.

VII

Quiconque s'observe dans ces promenades nocturnes, doit éprouver trois choses : 1° une gêne plus ou moins sensible de la respiration causée par l'impureté de l'air inspiré; 2° une certaine faiblesse ou engourdissement des membres; 3° une sorte de frissonnement que les promeneurs considèrent bien à tort comme un utile rafraîchissement.

Pour ceux qui ont de la santé et de la jeunesse, ils se débarrassent de cette sorte d'infection par la transpiration durant le sommeil, transpiration éliminatoire s'il en fut jamais.

Pour ceux au contraire qui ne sont pas dans de bonnes conditions organiques, ou que l'âge a affaiblis, cet exercice réputé salutaire leur donnera, s'ils ne transpirent pas, s'ils ne peuvent pas réagir, ou un accès de rhumatisme, ou, le plus souvent, un mal de gorge ; et enfin éveillera dans l'économie des promeneurs attardés quelqu'une de ces affections, qu'on attribue naturellement à la fatigue. J'ai vu maintes fois le coryza, le torticolis, des douleurs nerveuses survenus après des causeries plus ou moins prolongées sous le serein de la nuit.

C'est encore au soir et pendant la nuit que les futurs changements de temps influencent le plus l'économie. La pluie, le brouillard, la gelée, l'orage, la tempête, etc., s'annoncent par des impressions particulières, indéfinissables, et qui trompent rarement ceux qui les éprouvent. Si l'on s'observait bien, on trouverait que la plupart de nos sensations correspondent à certains états de l'atmosphère : il est impossible, en effet, qu'un changement quelconque du milieu ambiant dans lequel nous respirons, et qui tient si intimement la vie sous sa dépendance, ne modifie pas notre sensibilité organique.

On doit avec raison rapporter à cette même cause l'aggravation de presque toutes les maladies quand la nuit arrive ; il se fait bien certaine-

8

ment, après la chute du jour, un changement
quelconque dans la nature du milieu ambiant,
modification dont l'effet le plus notable est la
dépression vitale de l'organisme. Ces considérations nous feront aussi comprendre combien
le travail de la nuit doit être nuisible à la santé.

VIII

L'hygiène publique a souvent à lutter contre
la force de l'habitude, puissance fixe, immo-
bile, difficile à entamer et à amoindrir chez nos
paysans ; elle est là, toujours là, sur le passage
du progrès comme une borne contre laquelle
viennent se heurter les plus sages projets et les
meilleures institutions d'avenir. Cette force,
quoique ébranlée et réduite par la civilisation,
possède encore aujourd'hui assez de tension
pour qu'on en redoute les effets, surtout quand
elle est basée sur certains intérêts personnels
et sur l'ignorance. En général, l'autorité locale,
jalouse à juste titre de s'entourer des sympathies de ses administrés, se montre froide et
réservée à l'endroit des mesures qui pourraient

les indisposer contre elle ; presque toujours alors le progrès, ou, si l'on veut, le bien, en éprouve un mouvement de recul, à moins que l'autorité générale n'intervienne par son initiative.

C'est dans l'usage du tabac, de la bière et des spiritueux que l'habitude exerce ici son principal empire : ce sont en effet trois choses dont on use et dont on abuse le plus dans nos villages, surtout parmi les ouvriers de l'industrie. J'en dirai quelques mots en passant, non pas pour leur intenter un procès impitoyable, ce qui m'exposerait à me mettre mal avec la grande majorité de mes concitoyens, mais seulement pour faire ressortir tous les inconvénients et tous les dangers de leur abus.

DU TABAC

I

Le tabac est-il salubre ou insalubre, utile ou nuisible à la santé ?

Cette question, sur laquelle on a écrit de gros volumes, est restée jusqu'ici indécise dans le domaine de la controverse, et, dans le doute, on continue de fumer.

Sans prétendre mettre les gens d'accord sur ce grave sujet, nous dirons, d'après nos propres observations, que l'usage modéré du tabac à fumer ou en poudre paraît généralement innocent; qu'il ne peut être nuisible qu'aux personnes faibles, débilitées et prédisposées aux maladies de poitrine : en effet, la sécrétion exagérée des glandes salivaires, sollicitée par l'irritation de la bouche, est toujours une perte qui ajoute à la débilité constitutionnelle ou acquise des fumeurs; et si l'on observe que la fumée narcotico-âcre du tabac irrite aussi les voies respiratoires et provoque plus ou moins la toux, on se fera une idée de ce que l'habitude de la pipe peut avoir de nuisible pour les faibles constitutions.

On sait que l'habitude de fumer est portée jusqu'à la passion chez beaucoup d'individus, au point que la pipe est pour eux un besoin plus pressant et plus impérieux que l'aliment ! On ne comprend pas qu'ils puissent impunément et pendant si longtemps suffire à une perte aussi considérable de salive ; il est vrai que la plupart d'entre eux, pâles, amaigris, enclins à la paresse, portent le cachet d'une sorte de détérioration organique anticipée.

L'odeur si pénétrante de la fumée de tabac, si délicieuse pour les amateurs, est encore repoussante pour bien des gens ; il est des individus qui ne peuvent entrer dans une tabagie sans être pris d'un accès de toux et d'une suffocation plus ou moins prononcée, selon le degré de susceptibilité de leur poitrine ; presque tous les tuberculeux sont dans ce cas, et j'en ai vu pour ma part beaucoup d'exemples.

L'habitude de fumer a d'ailleurs des inconvénients qui compensent bien le charme qu'elle procure ; elle donne mauvaise haleine, elle noircit et altère les dents, et entretient, par la salivation et par la poussière de la pipe, une malpropreté qui se dessine sur le linge et sur les habits ; cette habitude portée trop loin altère encore les fonctions respiratoires, et produit à la longue les phénomènes de l'asthme. Ajouterai-je que malgré toute la tolérance des dames à l'égard des fumeurs, le tabac ne laisse pas que de leur inspirer un secret dégoût ?

« Un jour, dit un spirituel écrivain, que

» j'étais procureur, tribunal et tout, un mari
» se plaignit à moi de la légèreté de sa femme ;
» le délit de légèreté était prouvé, mais le
» mari chiquait ! — J'admis les circonstances
» atténuantes et renvoyai les deux époux dos à
» dos..... »

L'abus de la pipe et du cigare occasionne
encore des excoriations aux lèvres, à la langue,
dans la bouche, et y produit assez souvent le
cancer épithélial ; cette terrible affection ne se
rencontre que chez les fumeurs (je n'en ai vu
qu'une seule exception), et principalement chez
ceux qui fument avec de courtes pipes ; car c'est
à la chaleur de la fumée et du tuyau , autant
qu'au jus irritant qui s'y forme , que l'on doit
rapporter les causes de cette maladie·dont le
développement est souvent insidieux ; aussi ne
devrait-on faire usage que de pipes assez longues
et dont le tuyau fût mauvais conducteur du
calorique.

Presque tous les hommes fument dans ce
pays ; un certain nombre de femmes, oubliant
pour ainsi dire le caractère de leur sexe, se
livrent aussi à cette habitude d'autant plus dé-
goûtante chez elles, qu'elle dégénère souvent
en passion. C'est parmi ces fumeuses que j'ai
quelquefois rencontré le chancre des lèvres.

Ce n'est jamais sans un regret mêlé de tristesse que nous voyons des petits garçons de dix
à douze ans pâlir et s'épuiser sous l'influence de
la pipe ; car l'usage habituel du tabac, surtout
à cet âge, engourdit les sens et pousse à la vie
horizontale, c'est-à-dire à la stupidité. J'en dirai
autant des imberbes de notre époque qui croient
au perfectionnement de l'individu par le cigare !

On prétend que l'usage du tabac peut être
utile dans certains états constitutionnels et mor-
bides ; des médecins l'ont conseillé dans certaines migraines, dans les ophthalmies chroniques
ou strumeuses, dans les névralgies faciales, et
aussi dans quelques affections rebelles du cuir
chevelu ; il est alors employé comme dérivatif
sur les muqueuses buccales et nasales, et, à ce
titre, il peut être avantageux. Je pense aussi
que les constitutions molles, lymphatiques, dis-
posées à l'obésité, peuvent utilement se permettre l'usage modéré de la pipe.

II

L'habitude du tabac en poudre est-elle moins

insalubre , et offre-t-elle moins d'inconvénients
que celle du tabac à fumer? Je ne le pense pas.
L'action de priser altère plus ou moins le sens
de l'odorat, et finit même par l'abolir ; beaucoup
de vieilles personnes ont perdu de cette façon
leur faculté olfactive, et ce n'est pas là, comme
on sait, le seul désagrément qu'on rencontre
chez les priseurs.

L'usage du tabac, sous ces deux formes principales, est pour nos campagnards un temps d'arrêt
qui n'est pas sans attraits : on prétend même
qu'il fixe les idées et donne une sorte d'activité
et de profondeur à la pensée ; ce sont du moins
les consommateurs de tabac qui le disent.

On m'a souvent demandé si l'on pouvait impunément se déshabituer de fumer. Beaucoup
ont pu quitter la pipe et le tabac sans inconvénient; d'autres ont éprouvé, après un certain
temps de cette abstinence, du malaise, de la
courbature, et des démangeaisons à la peau,
phénomènes que la reprise du tabac a fait disparaître. J'ai été témoin d'un fait qui tendrait
à faire croire qu'il n'est pas sans danger de
quitter la pipe après en avoir contracté une
longue habitude.

Une femme fumait depuis près de trente ans :

un jour, sur quelques reproches de son mari,
elle brisa sa pipe en jurant de ne plus fumer.
Quelques mois après cet événement, cette femme
fut prise d'affreuses démangeaisons sur toute la
peau qui se couvrit bientôt de squammes gri-
sâtres se détachant sous forme d'écailles, et dont
le lit de la malade était chaque matin parsemé ;
cette affection résista à une foule de moyens thé-
rapeutiques, mis en usage pendant longtemps ;
la malade dépérissait, jour et nuit tourmentée
par la démangeaison. De guerre lasse, je dus lui
conseiller de reprendre la pipe, et en peu de
temps son mal disparut.

Dans l'état actuel de nos mœurs, la pipe,
pour la généralité des ouvriers, est devenue un
instrument de repos, instrument plus nuisible
peut-être au travail qu'aux constitutions : en
effet, si l'on se repose pour fumer, l'on fume
plus encore pour se reposer, de façon que si
l'on n'y prenait garde, le travail à la journée
ne serait plus qu'un travail de fantaisie ou un
délassement !

DE LA BIÈRE

I

La bière, telle qu'on la brasse dans nos contrées du nord, est une boisson alimentaire et saine, prise avec mesure; le plus grand nombre de nos villageois en font usage aux repas, et c'est surtout alors qu'elle est nourrissante et salutaire, pourvu qu'elle soit bien faite. Prise hors des repas et dans les loisirs du cabaret, c'est une boisson agréable, légèrement stimulante, qui, jointe à la pipe, fait le charme de nos soirées.

La bonne bière doit être limpide, un peu gazeuse, légèrement amère et de bon goût; si elle est vieille, et tournée à l'aigre, elle fatigue l'estomac et y donne des pesanteurs; si elle est trop jeune, c'est-à-dire si elle n'a pas été assez épurée par la fermentation, elle produit des coliques, la diarrhée, etc.

La bière tirée à fin de tonneau ou sur le fond, a la propriété remarquable de déterminer la dysurie chez certains individus, et même parfois la strangurie : cela arrive surtout pendant les chaleurs de l'été, ou après une fatigue, alors que le corps est en transpiration ; cette affection est extrêmement pénible par le ténesme vésical qu'elle détermine ; heureusement elle dure rarement plus de vingt-quatre heures. Chez un certain nombre de sujets pris de cette tourmente, et prédisposés sans doute aux maladies de la prostate, j'ai vu ce phénomène se changer en rétention complète. Certaines bières, quoique bien faites et irréprochables, ont cette propriété dysurique qu'on ne rencontre pas dans d'autres : ainsi j'ai traité tout récemment deux hommes, ordinairement bien portants, qui ne pouvaient plus ou que très-difficilement uriner ; ils étaient en proie à des douleurs les plus vives. J'appris de ces deux malades que pareille chose leur arrivait chaque fois qu'ils prenaient de la bière de L..., commune voisine, bière qui contient sans doute un principe irritant spécifique.

II

Les cabaretiers, en général, peu scrupuleux en matière d'hygiène publique, se débarrassent le mieux qu'ils peuvent de leur mauvaise bière, tantôt par le mélange, et tantôt en la livrant aux buveurs attardés ou abrutis ; cette boisson, prise dans ces conditions, est toujours malsaine, et altère plus ou moins les fonctions digestives. Cet état de choses est d'autant plus regrettable qu'il échappe à la surveillance : on ferait bien de s'en occuper.

L'usage immodéré de la bière, si fréquent, si répandu dans nos campagnes, produit une ivresse lourde, abêtissante, due sans doute à la propriété narcotique du houblon qui entre dans sa composition. Quand donc les ouvriers, les jeunes gens, si oublieux de leur dignité d'homme, sauront-ils tout ce qu'ils perdent dans cette honteuse et dégradante habitude? C'est là ce qu'il faut leur apprendre et leur faire sentir, dût-on, pour y parvenir, employer publiquement contre eux l'arme puissante du ridicule par la peinture photographiée de leurs désordres !

DES SPIRITUEUX

1

Les boissons spiritueuses, telles que genièvre et eaux-de-vie, dont on fait aussi une grande consommation, surtout le matin, ont des effets plus rapides, plus profonds sur l'économie ; par leur nature excitante, diffusible, ils attaquent presque directement les centres nerveux en exaltant d'abord, puis en déprimant les facultés intellectuelles. Sous leur influence longtemps soutenue, la machine humaine s'incline vers l'abrutissement et la démence, ainsi que nous l'avons dit. Mais ici encore nous devons faire nos réserves : le petit verre, en effet, pris modérément, est d'une utilité incontestable pour certaines organisations ; ainsi l'ouvrier, l'homme des champs rompu à la fatigue, et parvenu à l'âge où la force de réaction décline, a besoin, pour se remettre au travail, de prendre un peu de stimulant, de se donner *le coup de fouet*, si l'on peut ainsi dire ; ainsi les constitutions un peu affaiblies et manquant du ton nécessaire, les asthmatiques, par exemple, et généralement tous les individus débilités par une nourriture insuffisante ou mauvaise, se relèvent momentanément et prennent un certain entrain sous l'influence de cet excitant.

Je connais beaucoup de vieillards, et même d'adultes vieillis avant l'âge, qui ont besoin, pour marcher, pour respirer, de prendre quelques petits verres le matin ; et qui n'a pas vu des ivrognes, affectés de *delirum tremens*, retrouver l'usage de leurs mouvements volontaires en prenant une certaine dose de spiritueux ?

RÉGIME ALIMENTAIRE

1

Nous avons exposé l'état actuel de nos campagnes au point de vue du travail, de la salubrité,

des mœurs et des coutumes ; nous avons reconnu qu'un grand nombre de villageois se
nourrissaient mal , ici par la mauvaise qualité
des aliments , là par leur insuffisance ; nous
avons vu que l'ignorance d'abord, puis le manque de ressources concouraient efficacement à
cet état de choses ; nous avons constaté enfin
que les progrès de l'industrie et du commerce
avaient considérablement amélioré les conditions sociales de notre pays. Indiquons maintenant le moyen de faire participer les nécessiteux
aux avantages d'une alimentation réparatrice ,
qui est une des premières conditions de force
et de santé.

Nous terminerons par un aperçu sur l'instruction primaire ; nous dirons ce qu'elle a été
et ce qu'elle devrait être pour que nos populations rurales pussent en retirer tous les avantages physiques, intellectuels et moraux qu'on
a droit d'en attendre.

II

Je ne parlerai pas des légumes et des fruits

que tout le monde ou à peu près, à la campagne, peut se procurer; il suffit, pour cela, d'un
petit jardin ou d'un petit coin de terre à cultiver. Ces aliments secondaires, propres sans
doute à la vie frugale ou ascétique, ne sauraient
constituer à eux seuls une nourriture suffisante
pour le travailleur. D'un autre côté, un régime
uniforme et presque toujours végétal doit nuire
à la longue et produire une faiblesse organique; c'est peut-être à ce genre d'alimentation
économique que l'on doit rapporter la fréquence
des maladies de l'appareil digestif chez nos
campagnards.

Il n'en est pas de même des substances ani-
males, de la viande de boucherie surtout; ce
sont les aliments les plus nutritifs et les plus
corroborants. Il serait donc essentiellement
utile que les masses ouvrières pussent s'en
nourrir au moins une fois par jour; mais la
viande de boucherie est ici très-chère, 70 à 75
centimes les 500 grammes, et les petites bour-
ses peuvent difficilement y atteindre. Que fau-
drait-il faire? Il faudrait, ou diminuer le prix
de la viande, ou augmenter sur place le nombre
des bestiaux propres à la boucherie.

Le premier moyen est impraticable: le second
me paraît très-possible.

Chaque année, dans les concours agricoles, nous voyons accorder des primes aux propriétaires qui ont exposé les plus beaux produits : ne pourrait-on pas, et plus utilement, ce me semble, donner les récompenses aux agriculteurs qui, dans le courant d'une année, auraient élevé le plus de bestiaux et en auraient livré le plus à la boucherie ?

Un animal devenu lauréat au concours est le plus souvent une bête difforme par l'entraînement qu'on lui a fait subir ; nourri à grands frais, ce n'est plus ordinairement qu'une masse animée de tissus adipeux, tout au plus profitable à son propriétaire, si n'était la gloire que celui-ci en retire. Dans un rapport sur le concours régional de Lille, en 1859, on trouve en effet que la chair huileuse, sans goût, répugnante des animaux primés d'après leur degré d'engraissement, revient à l'éleveur à 3 fr. 87 c. le kilogramme.

En récompensant convenablement et dignement ceux des cultivateurs qui, chaque année, auraient fait le plus d'élèves, et fourni le plus de têtes à la boucherie, on servirait très-heureusement plusieurs intérêts à la fois : d'abord ceux des éleveurs, ensuite ceux de l'agriculture,

9

et enfin ceux des masses qui trouveraient à des prix raisonnables , sinon à bas prix , la viande devenue commune par son abondance.

Ce n'est pas trop présumer de la sagesse d'un gouvernement initiateur et progressif comme le nôtre , que de croire qu'il adoptera cette mesure salutaire dès qu'elle aura fixé son attention : quel grand et utile concours, en effet, que celui qui aurait pour objet l'augmentation du nombre des bestiaux sur toute la surface du pays, et pour but l'alimentation plus saine , plus facile , et plus fortifiante , du plus grand nombre de ses habitants !!

CHAPITRE CINQUIÈME

DE L'INSTRUCTION PRIMAIRE

I

L'instruction populaire doit avoir un double but : celui de développer l'intelligence, et celui de l'appliquer à la connaissance des choses utiles et à la pratique du bien.

L'homme chargé de cette noble mission, l'instituteur, doit donc réunir les conditions propres à atteindre ce double but; c'est-à-dire, des connaissances positives, une saine morale, et l'amour de la patrie.

Ce n'est pas peu de chose que de faire un homme utile à lui-même et à ses semblables : la besogne est aussi difficile qu'ingrate, et l'instituteur n'eût-il réussi qu'une ou deux fois dans sa vie, qu'on lui devrait encore un tribut de reconnaissance.

On devrait toujours avoir présent à l'esprit que les enfants, que l'on traite souvent si légèrement et avec tant de négligence, doivent former la partie vivace de la population, et constituer la force et la puissance nationales; qu'ils sont les futurs dépositaires de nos pensées, de nos doctrines, de nos croyances; que sur eux devront reposer le bonheur domestique, la morale publique, la grandeur et la prospérité de la patrie.

II

Autrefois on s'occupait peu de l'instruction du peuple, les privilégiés de la fortune considérant son ignorance comme un gage d'ordre et de sécurité. Aujourd'hui même, il se rencontre encore bien des gens, fort attardés, il est vrai, dans la route du progrès, qui considèrent comme un malheur les lumières que l'on donne aux classes inférieures!

Il y a soixante ans, c'était chose remarquable dans nos campagnes que de savoir lire et écrire ; chaque village n'avait alors pour instituteur ou maître d'école que le magister de la paroisse, personnage souvent ignare et quelquefois ivrogne, mais auquel cependant les bonnes gens accordaient des connaissances , par cela seul qu'il était tous les jours en contact avec M. le curé , et qu'il lisait et chantait du latin ! Or , savoir lire du latin , même sans en comprendre un mot ! n'était pas donné à tout le monde , et c'était là le fort du magister-instituteur.

Les écoles étant entièrement négligées par l'autorité civile , n'avaient d'autre surveillant , d'autre directeur que M. le curé ; non que je mette en doute l'influence salutaire du prêtre chrétien sur les jeunes âmes ; je dirai au contraire qu'un bon prêtre , un prêtre nourri et inspiré des préceptes de l'Evangile , est le meilleur instituteur de l'enfance : mais s'il est utile et indispensable d'enseigner au peuple la religion et les devoirs qu'elle lui impose , il ne l'est pas moins de le façonner aux idées nobles et généreuses ; de lui apprendre à faire un bon usage de la raison, dont le libre développement est un des droits essentiels de l'humanité.

D'ailleurs, c'est par les résultats que l'on juge de la bonté d'un enseignement, de même que l'état plus ou moins florissant des écoles, leur nombre, la considération qui les entoure, peuvent donner la mesure de la civilisation à chaque époque, non seulement dans le domaine de la science, mais aussi au point de vue des mœurs, des lois et des institutions.

Quant aux choses que l'on enseigne aux enfants dans les écoles primaires, nous nous permettrons de dire qu'elles n'atteignent pas le but que la société actuelle doit se proposer : car on y a négligé jusqu'ici une des parties principales, celle qui consiste à faire des citoyens, à former des hommes utiles et qui sachent mettre à profit leurs connaissances, ce qui est le point essentiel. En effet, l'instruction donnée chez nous manque surtout d'application, et l'élève sort de l'école sans connaître même ses aptitudes ! Il se croit quelque chose, et il est tout étonné qu'il n'est rien, en entrant dans la vie telle qu'elle nous est faite aujourd'hui ; de là tant de faux calculs, tant d'amères déceptions chez les jeunes gens qui ont un peu grandi dans les études classiques, sans se préoccuper des exigences du présent et de l'avenir.

III

Pour arriver à ce perfectionnement si con-
forme aux idées modernes, il faut commencer
par réformer l'instruction primaire, en donnant
aux écoles des instituteurs qui soient à la hauteur de leur mission ; il faut que tout d'abord
on fasse à l'instituteur une position telle que
tout en lui et hors de lui révèle la dignité de
l'homme et la hauteur de sa profession ;

Que sa parole calme et réservée n'exprime
jamais ni la colère ni l'injure ;

Que toujours juste dans les remontrances
qu'il fait et dans les punitions qu'il inflige, il
n'outrepasse jamais certaines limites au-delà
desquelles il ne serait plus pour ses élèves qu'un
être bizarre, injuste et cruel ! Ainsi la morale
et l'humanité réprouvent la manière grossière
et avilissante dont certains instituteurs punissent
leurs élèves : la correction fustigatoire ou à
main levée, il faut qu'ils le sachent, est abru-
tissante et sent la sauvagerie !

En exigeant des instituteurs une mise décente

et qui commande le respect, qu'il leur soit encore rigoureusement défendu de faire la classe en blouse, en casquette ou *en bonnet crasseux!* négligence impardonnable dont j'ai été plusieurs fois témoin ; j'en ai même vu faisant la classe la pipe en bouche !!

Question de formes, diront certains censeurs. Soit ; mais que l'on sache bien que la forme n'a pas cessé d'exercer un grand empire sur les esprits ; si l'habit ne fait pas le moine, comme le dit le proverbe, il le relève considérablement aux yeux du vulgaire, et l'instituteur, aujourd'hui, en présence des congréganistes, aura toujours un cachet d'infériorité, s'il ne prend une tenue et des formes imposantes.

IV

Le vrai citoyen est au pays ce que le véritable chrétien est à la religion.

L'amour de la patrie doit donc occuper une des premières places dans l'instruction du peuple.

Dès que l'enfant sait lire, écrire et compren-

dre ce qu'il lit et écrit , ce qui révèle déjà un
certain degré d'intelligence, il faut lui parler du
lieu où il se trouve, de son importance relative,
des hommes qui l'habitent , et surtout de ceux
qui , par leurs actions , leurs lumières , leurs
vertus, commandent la considération et le respect.

Il faut lui dire ce que c'est que la justice, la
probité, la bienfaisance, et, par des comparai-
sons simples et bien amenées , lui faire comprendre de quelle importance serait pour lui la
possession de ces qualités.

De ce lieu on passe aux environs ; on lui parle
des sites , des monuments qui s'y rencontrent ,
de leur beauté qu'on admire ; on l'entretient
des cours d'eau, des rivières, de la richesse du
sol, des produits que l'agriculture et l'industrie
en retirent , et on lui explique le bonheur par
le travail , le malheur et l'ennui par la paresse
et l'oisiveté.

On lui apprend ce que c'est qu'une commune,
un canton, un arrondissement, un département ;
de quelle autorité ressort chacune de ces divi-
sions , soit administrative, judiciaire ou religieuse ; puis on arrive à faire un petit historique
du département , de ses limites, de son littoral,

de ses monuments , des institutions dont il est doté, de son commerce, de son industrie et des grands hommes qui l'ont illustré. De là , on arrive aux autres départements, puis à la France entière , sa patrie , dont on lui fait sentir la beauté , la grandeur , la puissance , et le devoir de l'aimer , de la servir et de la défendre.

Plus tard on lui fait lire le pacte fondamental ou la constitution du pays ; on la lui explique, et , définitivement , on la lui fait apprendre par cœur et réciter une fois par semaine.

On lui appprendra aussi ce que c'est que la loi , en insistant sur la soumission qu'elle impose à tout citoyen ; on lui expliquera les chapitres les plus usuels des codes civil et pénal , ce point me paraissant utile autant que logique : en effet, le code qui réprime les délits est au citoyen ce que le catéchisme est au catholique, avec cette différence essentielle que la religion absout le péché par ignorance, et que le code le punit. Nul, dira-t-on, n'est censé ignorer la loi ! Il l'ignorerait bien moins si on la lui enseignait, et alors la punition du délit serait au moins rationnelle !

V

A l'heure qu'il est, dans nos campagnes, dix-neuf individus majeurs sur vingt ignorent encore les obligations que les lois leur imposent, et c'est ce qui explique, jusqu'à un certain point, la fréquence des contraventions.

Sur mille à quinze cents individus qu'on rencontre annuellement à la justice de paix du canton, un huitième environ sait à peine lire et écrire ; et le dernier compte-rendu de la justice criminelle, en France, constate que sur 5,092 accusés, il y en avait :

2,132 complètement illétrés ;

2,131 sachant à peine lire ;

521 sachant lire et écrire ;

308 ayant reçu un degré d'instruction supérieure.

Pourrait-il en être autrement, quand la statistique nous montre qu'en France, un individu seulement sur onze fréquente les écoles primaires, et qu'il y en a encore vingt-un millions qui ne savent ni lire ni écrire dans cette nation qui s'appelle la grande, cependant !

« La France, dit Jules Simon, est la plus
» arriérée des plus grandes nations européen-
» nes en matière d'instruction primaire ; elle
» ne marche sur ce terrain qu'après l'Autriche.
» C'est là une infériorité honteuse pour notre
» pays, soixante-douze ans après la révolution
» faite pour assurer les bienfaits de l'égalité et
» de la liberté à tous les citoyens ! »

VI

Les éléments de l'hygiène, ceux qui se rap-
portent spécialement à la vie pratique, devront
aussi être enseignés dans les écoles communales. On y fera connaître l'utilité de la propreté
et de l'ordre ; les effets nuisibles du chaud, du
froid, des courants d'air sur l'économie, dans
certaines conditions données ; le danger de la
gourmandise et les avantages de la tempérance,
cette sauvegarde de la santé.

On y dévoilera les erreurs et préjugés populaires dont les campagnes et même les villes
sont encore infectés, tout en faisant sentir combien ils sont ridicules et contraires à la saine

raison : ce sujet ne sera pas le moins important à traiter.

Enfin, on apprendra à l'enfant déjà intelligent ce que c'est que la famille, comment et par qui elle doit être gouvernée ; on arrivera, par là, à lui parler de son père, de sa mère, de ses frères et sœurs ; du respect, de l'obéissance, de l'attachement, de l'amour qu'il leur doit ; du rôle de la famille dans la société, des droits et des devoirs de chacun de ses membres, sans oublier de lui graver dans la mémoire et dans le cœur que la plus belle qualité de l'homme, celle dont toutes les autres dérivent, c'est l'amour de ses semblables.

Quand l'élève sera pénétré de toutes ces choses, il saura beaucoup, car il aura la clef de tous les genres d'études : littérature, arts, sciences, industrie, économie domestique, histoire, surtout l'histoire nationale qui est encore à faire ! Espérons qu'une commission nommée *ad hoc,* et composée de toutes nos illustrations historiques, élèvera un jour ce grand monument à notre gloire.

VII

Il y a donc de profondes réformes à opérer
non seulement dans le personnel des instituteurs, mais encore dans les matières que l'on
enseigne dans les écoles communales. Comme
acheminement vers ces réformes, il faudrait :

Qu'on instituât dans chaque département une
école centrale des arts et métiers gratuite où
seraient admis les enfants du peuple, sans autre
condition que la moralité ; cette école servirait
à mettre au jour les tendances, les aptitudes
individuelles, et aussi à faire naître le génie,
les talents, les capacités réelles dont la société
retirerait les plus grands avantages ;

Qu'il y eût aussi dans chaque département,
ou même dans chaque arrondissement, un comité dit de recherches, dont la mission serait
de découvrir les dispositions naturelles, les aptitudes spéciales des enfants et des jeunes gens,
auxquels il ne manque souvent, pour arriver à
la distinction, que certaines circonstances favorables, et dont la fortune est avare. Que d'en-

fants, en effet, perdus à toujours dans la foule,
qui deviendraient des hommes de génie s'ils
avaient l'occasion de se produire !!

Il faudrait encore qu'on établît, toujours dans
chaque département, une école spéciale destinée à faire des instituteurs. Cette école, comme
celle des arts et métiers, serait gratuite; le
comité de recherches y introduirait, chaque
année, un choix d'élèves dont on ferait presque
toujours des sujets remarquables; l'instruction
y serait donnée plus étendue et surtout plus
pratique qu'elle ne l'est aujourd'hui. Tout
instituteur, sortant de ces écoles, aurait un
traitement fixe qui s'augmenterait toutefois en
raison du nombre de ses élèves; de plus, il y
aurait chaque année des récompenses décernées
publiquement à ceux des instituteurs qui auraient rempli leurs devoirs avec le plus de zèle
et formé les meilleurs élèves.

Il faudrait enfin que l'instruction fût gratuite
et obligatoire.

Sans cette mesure, éminemment sociale,
parce qu'elle s'attaque aux véritables sources
de l'ignorance, nos écoles resteront peu fré-
quentées, tant il y a dans les familles de l'insouciance pour l'instruction; un père, une

mère, comme il s'en rencontre beaucoup dans nos campagnes, préférant voir leurs enfants rapporter 40, 50, ou 75 centimes par jour, qu'un bon précepte ou de bonnes leçons.

Cette triste et regrettable indifférence pourrait être amoindrie, ce me semble, en instituant des récompenses publiques aux mères·de famille qui soigneraient le mieux et leurs enfants et leur ménage ; ce serait un stimulant utile pour toutes celles qui, sous ce rapport, ne sont pas irréprochables, et, en même temps, une justice rendue à ces honnêtes et dignes ménagères qui se voient privées des secours de bienfaisance, par cela seul qu'elles ont su, par leur courage, leur ordre, leur économie et leurs soins de propreté, s'affranchir de la livrée de l'indigence, livrée dont la grande majorité des pauvres aiment à s'affubler pour exciter la compassion et la charité publique !

VIII

On objectera que l'instruction obligatoire est incompatible avec la liberté ; que l'on ne peut, que l'on ne doit pas obliger les familles à faire instruire leurs enfants, si telle n'est pas leur volonté, et qu'une pareille contrainte ressemblerait à de la tyrannie.

Je répondrai, qu'obliger les gens à envoyer leurs enfants à l'école, n'est pas plus vexatoire ni plus tyrannique que de les obliger à payer l'impôt, et surtout l'impôt du sang! et que si nous devons à la société cette double contribution matérielle, nous ne lui devons pas moins, ce me semble, la contribution intellectuelle et morale sans laquelle le progrès s'arrête et la raison s'éteint. En effet, quand l'instruction et l'éducation font défaut au sein des populations, les classes déshéritées renaissent, l'homme et le sol se dégradent, et alors l'ignorance devient un véritable esclavage.

Pour améliorer l'esprit et les mœurs, pour éclairer l'homme sur ce qu'il doit à lui-même et à ses semblables, pour lui faire enfin aimer le vrai, le beau, l'honnête et l'utile, c'est à l'instruction que nous devons nous adresser, à cette instruction qui éclaire, qui moralise, à cette vraie science de l'esprit et du cœur qui fait discerner le bien du mal. Quand tout progresse autour de nous, n'est-il pas regret-

10

table de voir l'instruction restée en arrière et nous priver de sa lumière dont nous avons tant besoin pour nous guider à travers les ténèbres de l'avenir?

IX

Associons-nous donc pour cette grande œuvre, nous tous, hommes de bonne volonté, qui avons quelqu'influence sur nos concitoyens, sur nos frères! Que les prêtres et l'instituteur, que le maire, le médecin et le juge de paix, tous ceux enfin, grands ou petits, qui ont autorité sur les masses, s'unissent ou s'entendent pour instruire et moraliser nos bons villageois; tâchons de réveiller en eux cette bonne fibre que tout homme possède et que l'on trouve toujours quand on la cherche de bonne foi; initions-les, par de sages préceptes et de bons exemples, aux idées pratiques de la vie sociale et de l'hygiène; faisons-les penser enfin, et sentir s'il est possible! Alors disparaîtront, et d'eux-mêmes, les erreurs, les préjugés, l'ignorance; alors, nous aurons travaillé efficacement à réaliser le problème de l'avenir, par cela même que nous aurons basé sur l'instruction et sur la morale, c'est-à-dire sur les deux plus grandes puissances de l'homme, les lois de sa conservation et de sa grandeur !

Hénin-Liétard, le 15 août 1862.

FIN

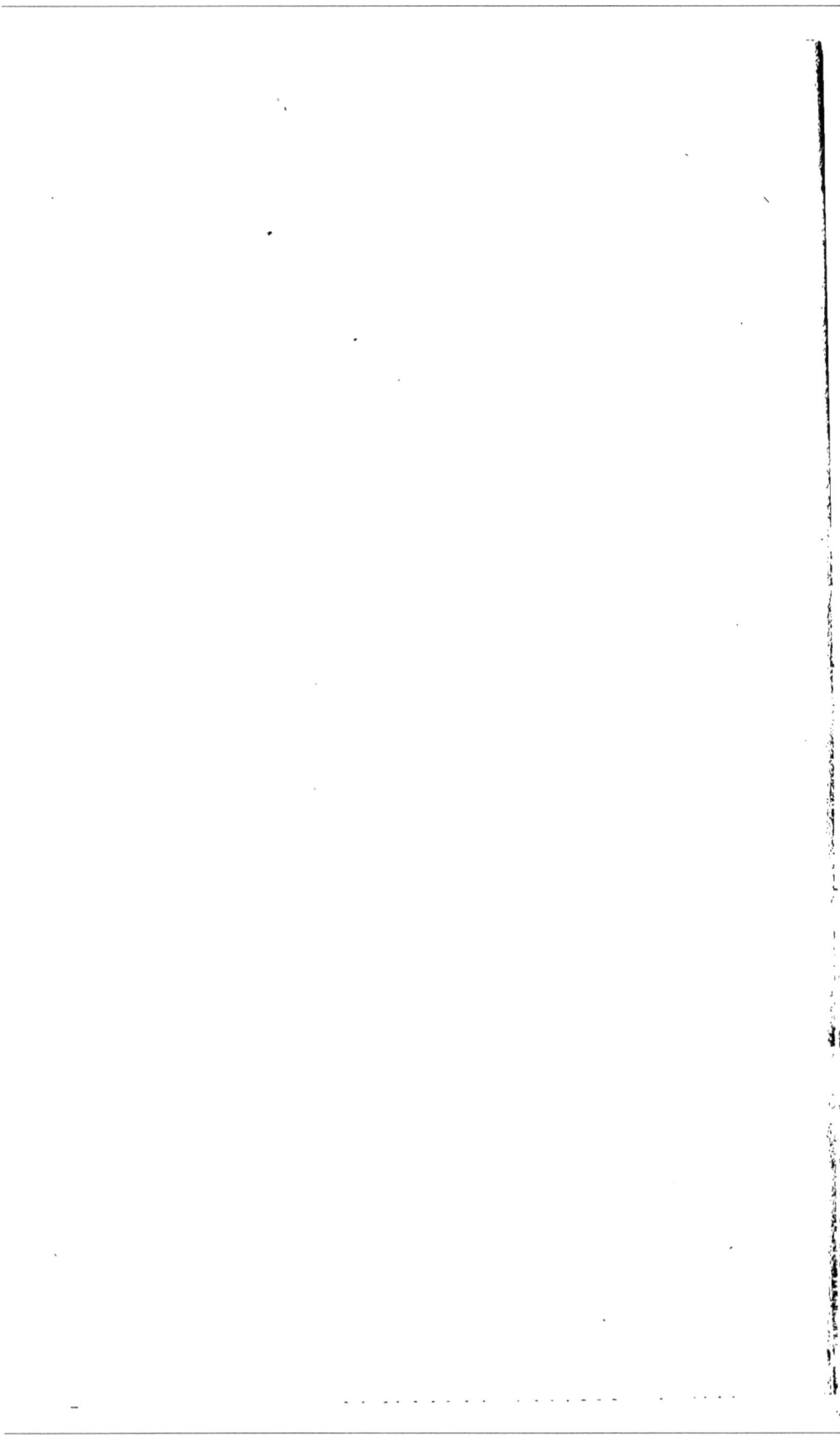

TABLE DES MATIÈRES

— ❖ —

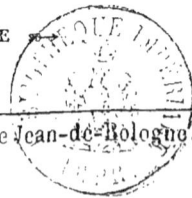

— FIN DE LA TABLE —

Douai. — Imprimerie DECHRISTÉ, rue Jean-de-Bologne.

www.ingramcontent.com/pod-product-compliance
Lightning Source LLC
Chambersburg PA
CBHW072109090426
42739CB00012B/2901